Psychothérapie du patient âgé et de sa famille

Dans la collection *Thérapie*

Annie ANZIEU, Loïse BARBEY, Jocelyne BERNARD-NEY, Simone DAYMAS	Le Travail du dessin en psychothérapie de l'enfant
Jean-Claude BENOIT	Le Traitement des désordres familiaux
Maurice BERGER	Le Travail thérapeutique avec la famille
Marie-Claire CÉLÉRIER	Psychothérapie des troubles somatiques
Marie-Bernard CHICAUD	La Crise de la maladie grave
Jean-Paul DESCOMBEY	Précis d'alcoologie clinique
Gérard DUCOURNEAU	Éléments de musicothérapie
Edmond GILLIÉRON	Le Premier Entretien en psychothérapie
Edmond GILLIÉRON	Manuel de psychothérapies brèves
Henri GOMEZ	Soigner l'alcoolique
Christine MIRABEL-SARRON, Bernard RIVIERE	Précis de thérapie cognitive
Christine MIRABEL-SARRON, Luis VERA	L'Entretien en thérapie comportementale et cognitive
Alain MOREL, François HERVÉ, Bernard FONTAINE	Soigner les toxicomanes
Michel SAPIR	La Relation au corps
Jean-Luc SENNINGER, Vincent FONTAA	Psychopathologie des malades dangereux
Jean-Luc SUDRES	L'Adolescent en art-thérapie

Pierre Charazac

Psychothérapie du patient âgé et de sa famille

DUNOD

ISBN 2-100-03750-1

À Marguerite, Delphine et Vincent

J'exprime ma reconnaissance :

au docteur Marc Mégard, qui a guidé mes premiers pas
en gériatrie ;
à mes cothérapeutes, Mesdames Alice Bernard-Richemont
et Françoise Grépet ;
au docteur Jean-Pierre Vignat et à Madame Dominique Suchet,
mes collègues de l'Association Rhône-Alpes de
gérontologie psychanalytique ;
à mes formateurs et superviseurs du Groupe lyonnais de
psychanalyse, les professeurs Jean Bergeret, Jean Guillaumin et
André Ruffiot, Françoise Brette, Denise Colin-Rothberg
et Monsieur Claude Janin ;
à mes collègues et aux équipes du dispositif de géronto-psychiatrie
du secteur 16 du Rhône.

TABLE DES MATIÈRES

PARTIE 2
LE TRAVAIL AVEC LA FAMILLE DU PATIENT ÂGÉ

Table des observations

peute est fortement sollicité par l'identification aux différents niveaux générationnels.

La première partie de cet ouvrage consiste en une mise en concepts psychanalytiques des faits bruts (paroles, comportements) que nous donnent à entendre et à observer les familles, concernant le problème de la sénescence normale et pathologique, le travail du deuil, le travail du vieillir, du voir vieillir, du voir mourir. Le fil rouge qui sert de guide tout au long de ces pages me paraît être la réflexion approfondie sur *le travail de la séparation* lorsque la question vient à se poser – en particulier dans le cas d'une démence sénile – de garder en famille ou de « placer » en « maison de retraite » la personne qui vous a porté, enfanté, nourri, élevé… C'est cette question qui interpelle pratiquement tout individu à un moment de son existence, même si la sénescence n'est pas pathologique.

Comment aider les familles à faire ce choix ? C'est l'objet de la deuxième partie du livre. Pierre Charazac nous montre combien est fragile l'équilibre familial lorsque survient la dépendance (physique et surtout psychique) d'un des siens âgé. Il ne fournit pas un modèle d'entretien familial mais – avec finesse et prudence cliniques – il nous montre les multiples facettes conscientes et inconscientes de l'enveloppe familiale dont le soignant doit tenir compte pour élaborer, *avec la famille*, un projet de soins, d'accompagnement ou de guidance géronto-psychiatrique. Chaque famille porte en elle sa solution qui ne peut lui être imposée du dehors ; elle a besoin d'une maturation pour dénouer la crise qu'elle vit. C'est l'écoute de sa souffrance, de son ambivalence, de son angoisse, de sa culpabilité par un thérapeute spécialisé et par l'équipe soignante institutionnelle qui permettra au groupe familial d'intérioriser sa perte.

Trois idées fortes de Pierre Charazac sont à retenir.

1. Toutes les familles, si normales soient-elles, passent par des crises de séparation qui ravivent les tout premiers vécus de perte et sont source de re-maturation psychique.

2. La démence sénile survenant dans une famille constitue pour elle un traumatisme qu'elle ne peut gérer seule.

3. Toutefois, les crises de l'âge et du grand-âge sont les plus difficiles à surmonter, car elles génèrent l'angoisse de la mort que les familles avaient pu jusque-là refouler ou cliver.

PRÉFACE

Voici un livre novateur qui allie richesse clinique et rigueur conceptuelle. Il met en effet le corpus théorique psychanalytique classique à l'épreuve d'une technique originale de soin : l'écoute de la personne âgée *et de sa famille*. Il est le fruit mûr d'une action-recherche de 15 années menée auprès des personnes âgées dépendantes par Pierre Charazac, psychiatre et psychanalyste.

L'auteur défriche un domaine peu abordé jusqu'ici par les psychanalystes : l'impact du vieillissement sur l'environnement familial. La thérapie familiale psychanalytique, depuis près de 30 ans, avait surtout œuvré auprès des familles dont un enfant souffrait de psychose, d'autisme, de troubles psychosomatiques ou d'anorexie (avec la participation fréquente des grands-parents aux séances pour « assister » leurs petits-enfants). C'est à ces familles que les thérapeutes familiaux ont donné la priorité au début des années 70. Ce n'est que peu à peu que s'est faite sentir la nécessité d'étendre notre technique aux groupes familiaux dont le membre le plus souffrant était un ascendant. Pierre Charazac est un des principaux pionniers en France de cette application de la psychanalyse. Il nous transmet ici son expérience clinique chaleureuse, tempérée par le souci d'un cadre méthodologique rigoureux, d'autant plus nécessaire que le contre-transfert du théra-

La lecture et l'approfondissement de cet ouvrage me paraissent indispensables à tous les soignants en géronto-psychiatrie, aux étudiants en psychologie et en sciences humaines en général. Les familles elles-mêmes pourront y trouver un intérêt à travers les nombreuses observations cliniques qui accompagnent la théorie.

André RUFFIOT
Professeur émérite
Université Pierre Mendès France – Grenoble II

INTRODUCTION

La famille fait désormais partie des interlocuteurs habituels de l'équipe gériatrique. Confronté au patient âgé et à sa famille, le soignant doit être en mesure d'analyser à la fois les dynamiques du groupe familial et leurs effets sur la relation qui s'établit avec lui. L'objet de ce livre est d'explorer les réalités psychologiques qui organisent les rapports de la famille avec son parent et ses soignants, c'est-à-dire les attentes, les angoisses et les défenses individuelles ou groupales dont l'analyse est nécessaire pour donner à cette rencontre une qualité psychothérapique.

Savoir reconnaître ces dernières reste toutefois une condition nécessaire mais non suffisante car, comme le rappellent Ferrey et Le Gouès (1989) « sans l'aptitude à mettre au clair ses réactions affectives face au sujet âgé – aptitude toujours limitée si elle n'a pas été développée par une analyse personnelle – toutes les connaissances intellectuelles acquises même dans les livres traitant de la question, utiles par temps calme, sont notoirement insuffisantes lors des tempêtes transférentielles ». Or, s'agissant du groupe familial le risque de tempête est toujours au rendez-vous. Qu'il l'escamote par des artifices privant la famille de la possibilité d'exprimer sa souffrance ou qu'il l'active en heurtant les défenses du groupe, et le clinicien hypothéquera par là même les résultats de son investigation et la collaboration indispensable à tout projet de soin.

Avant d'aborder ce vaste champ de recherche et d'action que représentent les relations affectives du sujet âgé avec sa famille, il nous faut le situer par rapport à deux autres réalités dont la relation soignante est sans cesse appelée à se démarquer mais qu'elle ne peut pour autant ignorer : la première est celle des représentations culturelles de la vieillesse, la seconde, celle du champ et des modalités de l'intervention sociale.

En cette fin de siècle où l'on voit l'espérance de vie individuelle poursuivre sa croissance et nos sociétés occidentales s'interroger sur le devenir des solidarités entre générations, l'étude des relations du parent âgé avec sa famille comporte toujours le risque de façonner une image de la « bonne » vieillesse et de ce que doivent être ou ne pas être les relations familiales à cet âge.

Ces deux questions sont en effet particulièrement chargées de valeurs et d'idéaux. De même que, depuis l'Antiquité, les peuples ont coutume de stigmatiser la cruauté d'un agresseur par le traitement qu'il inflige aux enfants et aux vieillards, les anthropologues ont longtemps apprécié le développement culturel d'une société au sort qu'elle réservait à ses membres les plus fragiles, et notamment aux plus âgés d'entre eux. En ce sens, notre société considère que la famille est dépositaire de ces acquis culturels et qu'elle constitue le meilleur environnement possible pour son parent. Or tous les soignants et les intervenants sociaux qui ont eu à se confronter à la situation d'une famille en difficulté avec son parent ont éprouvé la nécessité de dépasser cette fausse évidence.

Ces représentations collectives et ces valeurs se retrouvent dans les priorités actuelles de santé publique, dont l'objectif est de maintenir le plus longtemps possible en milieu de vie ordinaire les personnes âgées dépendantes qui en font librement le choix. En encourageant leur entourage à apprendre la gestion quotidienne de leur handicap, la société renforce un idéal d'assistance familiale dont les acteurs directs ne se sentent pas toujours libres de clarifier leurs motifs et leurs contradictions. En outre, cet idéal peut se révéler écrasant pour la famille qu'une histoire traumatique ou les atteintes narcissiquement blessantes du parent toucheront doublement, dans sa capacité à le soutenir et de demander pour elle-même l'aide d'un tiers.

Au moment où il n'est question que de préserver et renforcer les liens autour des personnes âgées, les crises familiales, les situations de maltraitance mais aussi l'écoute individuelle du vieillard nous conduisent donc à examiner ces relations non pas telles qu'elles devraient être mais telles qu'elles sont. Ce principe nous gardera également du risque de faire de la vieillesse une maladie, c'est-à-dire de comprendre l'ensemble des interactions du parent avec sa famille du seul point de vue des changements liés à l'âge.

De tels facteurs culturels pèseront néanmoins sur la relation soignante : lorsque le vieillard invoquera l'obligation morale où se trouvent ses enfants de l'héberger, sa famille éprouvera vis-à-vis de lui et de nous une culpabilité d'autant plus forte. Quant aux soignants, lequel ne s'est jamais surpris à stigmatiser la conduite d'une famille en référence à ce que devrait être la sienne envers ses propres parents ? Cela ne signifie pas que nous devions abandonner nos idéaux de soignant, mais un accord trop parfait de ces idéaux personnels avec les idéaux collectifs constitue un argument de plus pour une interrogation sur nos motifs profonds, si blessante cette dernière soit-elle.

Au-delà de l'assistance matérielle, l'action sociale envers les personnes âgées a pour tâche de lutter contre leur isolement affectif et de prévenir les atteintes à leur personne. Mais son intervention dans la réalité matérielle d'un individu ou d'une famille passe, comme celle des soignants, par l'écoute d'une demande.

La relation soignante se définit par la manière d'écouter la demande et d'y répondre. Cette notion ne saurait se restreindre aux demandes explicites que la pathologie rend parfois impossibles à formuler. En outre, une des caractéristiques des soins gériatriques est que le patient y accède souvent par la démarche d'un tiers : famille, voisins, services sociaux. Mais, même dans les situations où le patient et sa famille sont engagés dans un projet thérapeutique par un tiers, la question d'une demande et de son émergence possible reste ouverte.

Le premier objectif de la relation soignante, et pas seulement de la psychothérapie, est de donner au patient la possibilité de se manifester comme sujet par l'expression d'une souffrance psychique personnelle. Il en va de même pour la famille, dont la souffrance prend parfois le masque d'une demande à caractère social, mais qu'on n'engagera pas dans un projet psychothérapique si elle se montre délibérément sourde à ce niveau de souffrance. C'est la raison pour laquelle la demande ne peut être reçue dans l'instant et exige du temps. Cette durée pourra coïncider avec la phase d'évaluation nécessaire à une équipe gériatrique pour qu'elle puisse mettre en place toute une démarche de soins.

La relation soignante en gériatrie se caractérise aussi par la manière dont elle répond à la demande. Qu'elle vienne du patient, de sa famille ou d'un tiers, dans la crise ou au décours d'un épisode aigu traumatique, la demande doit être reçue dans une temporalité permettant son élaboration. La qualité d'une relation soignante ne tient pas seulement à une écoute particulière mais aussi à la capacité de différer sa réponse en se donnant et en offrant au patient le temps de l'élaborer intérieurement.

Enfin, cette façon de traiter la demande s'appuie sur un troisième caractère de la relation soignante : la prise en compte de l'histoire. Cela vaut bien sûr pour le psychothérapeute, qui cherche à replacer la relation actuelle par rapport au passé, à travers ses « après coups » et ses répétitions. Mais on sait aussi l'importance qu'attachent toutes les équipes soignantes de services gériatriques à l'histoire individuelle et familiale de leurs patients, en particulier dans les moments de rupture que représentent l'hospitalisation ou l'entrée en institution. C'est ce travail de réintégration dans une histoire qui permettra de donner sens à l'expérience actuelle et d'apprécier comment la personne âgée et sa famille la vivent.

L'action sociale peut devenir complémentaire de la relation soignante quand son action contribue à réduire la souffrance d'un individu ou d'une famille. Mais l'évaluation des besoins de la personne âgée comporte le risque de circonscrire une situation en fonction des dispositions dont peut bénéficier l'intéressé ou son entourage, c'est-à-dire de traiter une situation sociale plutôt qu'une personne. En ce sens, la réponse du travailleur social pourra précéder la demande. Les soignants n'échappent pas à ce risque, qui pensent parfois solution ou prescription avant d'avoir donné au patient et à sa famille le temps d'élaborer leur demande.

Ce court-circuit peut être l'effet de la relation ou, plus exactement, de son évitement. Certaines situations sont ainsi présentées et reçues comme des urgences qui dicteraient la conduite de la famille et des soignants. Quant au travailleur social, il rencontre aussi des phénomènes relationnels susceptibles de mettre en échec l'aide qu'il apporte. Il découvre que l'assistance au vieillard et à son entourage dans les actes essentiels de la vie n'épuise pas toujours leur demande ni leur plainte. Il se heurte à la complexité de la relation avec une famille en crise résistant à une intervention extérieure pourtant nécessaire, ou induisant un faux dilemme entre les intérêts du parent et ceux du groupe. Confronté au couple âgé et à ses enfants, il lui est également difficile de situer le sujet de son intervention : est-ce le parent malade, le conjoint qui l'assiste ou le couple en tant que tel, objet de l'idéalisation ou des attaques des enfants exigeant que l'on maintienne les parents ensemble ou qu'on les sépare à tout prix ?

Il lui faut donc prendre en compte la dimension psychologique individuelle et groupale sans pour autant « psychiatriser » la situation, c'est-à-dire savoir reconnaître la souffrance marquant une crise normale et la distinguer d'un état pathologique. Cette capacité d'écoute peut l'aider à prendre de la distance par rapport à certains éléments de la réalité ou à différer une action extérieure pour donner la priorité à des changements internes en voie d'organisation.

Il serait facile de radicaliser l'opposition entre l'intervention sociale et la relation soignante avec, à l'extrême, un travailleur social arguant qu'il est vain de proposer une psychothérapie à une personne n'ayant ni gîte ni couvert, et un thérapeute jugeant illusoires les réponses sociales offertes à une personne âgée, à un couple ou à une famille dont la crise intérieure ne saurait se résoudre par ce moyen.

Ces exemples montrent bien que l'intervention sociale et la relation soignante ne concernent pas le même ordre de réalité : la première traite de la réalité matérielle et la seconde, de la réalité psychique. En gériatrie, plus que dans toute autre discipline, réalité matérielle et réalité psychique ne peuvent se nier l'une l'autre mais doivent au contraire travailler constamment leur articulation. S'il y a incompatibilité, ce n'est pas entre ces deux objets mais dans la manière de les aborder. Une intervention sociale escamotant l'écoute empêchera un patient et une équipe de percevoir le versant psychique d'une situation. À l'inverse, les géronto-psychiatres auraient tort de croire qu'ils ne travaillent qu'avec la réalité psychique de leurs patients, alors même que ces derniers sont souvent en grande difficulté pour accepter la réalité matérielle de leur état physique et en élaborer les conséquences.

Nous avons consacré la première partie de cet ouvrage aux transformations qu'entraîne le vieillissement dans la vie psychique individuelle et familiale. Après un premier chapitre où est exposée la psychopathologie du vieillissement individuel, nous aborderons les relations familiales sous l'angle de la rivalité des générations et des choix œdipiens.

Par opposition à la dynamique œdipienne, qui se révèle étayante pour le moi vieillissant, les crises familiales accompagnant plus tard les atteintes du parent montreront le groupe aux prises avec des angoisses plus régressives mettant en jeu le devenir de la famille tout entière. Nous les aborderons à la lumière des notions acquises par le travail psychanalytique familial, notamment celle du fantasme de corps familial (Caillot et Decherf, 1989) et celle du fantasme de mort collective (Ruffiot, 1985).

Nous consacrerons un chapitre particulier aux crises liées à la pathologie démentielle et à son effet traumatique sur les assises narcissiques du groupe familial. Nous verrons comment le surinvestissement induit par les symptômes démentiels et les atteintes qu'ils portent à l'intériorité et aux enveloppes du corps familial peut rendre inélaborable la séparation d'avec le parent.

La question de la séparation sera reprise dans un chapitre où nous montrerons qu'elle ne se réduit pas à une mise à distance physique du parent mais qu'elle implique, de part et d'autre, un travail intérieur spécifique, centré sur l'alternative de la conservation et de la perte. Tout au long de ce parcours, nous nous efforcerons d'aller toujours de la clinique à la théorie, en ne retenant de cette dernière que ce qui peut directement éclairer la relation soignante.

La deuxième partie de cet ouvrage est consacrée au travail avec la famille du vieillard, dont nous avons décomposé l'étude en cinq chapitres : l'entretien familial, la consultation familiale, le cas particulier du travail avec le couple âgé, les problèmes relevant de la guidance familiale et les relations famille-soignants en institution.

Cette présentation, commode pour l'exposé, ne doit cependant pas nous faire perdre de vue l'unité nécessaire à la pratique quotidienne et à son cadrage. Elle se fonde sur ce principe que l'écoute du patient âgé et de sa famille, de leurs souffrances, de leurs attentes et des problèmes de réalité auxquels ils sont confrontés exige une autre logique que celle de la demande et de la réponse. Nous examinerons donc chacune de ces situations cliniques en nous appuyant sur les conceptions théoriques précédentes inspirées, comme notre méthode de travail, par notre formation analytique.

L'ensemble de nos considérations se fonde sur quinze années de travail avec les patients âgés et leur famille. Nous concevons cependant que le lecteur puisse se demander si notre expérience du champ clinique n'a pas influencé notre théorie ou, en d'autres termes, si les conclusions que nous retirons de ces cas, pour la plupart pathologiques, valent pour toutes les familles. Notre pratique nous a convaincu que ces mécanismes, si archaïques puissent-ils être, opèrent dans chaque famille confrontée à l'atteinte physique ou psychique d'un parent âgé. Le fait qu'ils se placent ou non au premier plan de la situation ou du conflit et qu'ils paraissent plus ou moins déterminants dans le destin du vieillard et de sa famille tient simplement à ce qu'ils interviennent dans des proportions variant avec la structure, le fonctionnement et l'histoire du groupe.

La mise au jour du conflit entre le désir de retenir le parent âgé et de s'en détacher, et des motifs narcissiques, individuels et familiaux, mobilisés par le vieillissement et l'approche de la mort, change donc notre regard sur les relations du vieillard avec les siens. Mais la désidéalisation ne fait-elle pas pour chacun d'entre nous partie du travail du vieillir ?

PARTIE 1

LES RELATIONS DU SUJET ÂGÉ AVEC SA FAMILLE

Chapitre 1

L'ABORD PSYCHODYNAMIQUE DE LA SÉNESCENCE

La psychologie de la sénescence a pour objet l'étude du vieillissement normal à travers ses facteurs corporels, instrumentaux ou cognitifs, psychosociaux et en fonction de la personnalité du patient. La géronto-psychiatrie décrit et traite les maladies mentales apparaissant à cet âge ou le devenir des affections psychiatriques préexistantes. Mais son diagnostic comme sa conduite thérapeutique ne peuvent se passer d'une assise psychopathologique.

La psychopathologie vise à comprendre les rapports du vieillissement normal et pathologique en les intégrant dans une certaine conception de l'être humain. On entend par psychodynamique une articulation du normal et du pathologique reposant sur la théorie psychanalytique de l'appareil psychique et de son fonctionnement. Sa conception des changements du corps et de la psyché se caractérise avant tout par la prise en compte de l'inconscient.

Pas plus que l'adolescence, la sénescence n'est une maladie. Mais, comme elle, elle s'y apparente par la profondeur des transformations qui marquent cette période, au point qu'il n'est pas toujours aisé de distinguer une crise normale, comportant sa part de souffrance mais aussi de maturation, d'une forme pathologique exigeant une prise en charge spécialisée ou une psychothérapie. En outre, la structure démographique de la sénescence s'est tellement modifiée au cours des trente dernières années qu'il convient bien plutôt de parler des crises de l'âge.

Pour le clinicien, bien que le rythme du vieillissement individuel ne suive pas des repères chronologiques statistiques, l'âge des consultants fait en effet apparaître deux périodes de crise bien distinctes : l'intervalle de 60 à 70 ans pour la crise de l'âge et celui de 80 à 90 ans pour la crise du grand-âge[1]. La première, qui suit l'arrêt de l'activité professionnelle et la perte d'une partie des réalisations sociales, est habituellement une crise individuelle tandis que la seconde sera plus marquée par le retentissement de la maladie ou des handicaps sur le fonctionnement de la famille.

1. L'INVOLUTION SOMATIQUE ET LA MALADIE PHYSIQUE

Plutôt qu'à une modification déterminée de la structure ou du fonctionnement du vivant, c'est à un ensemble de facteurs que les biologistes attribuent aujourd'hui le vieillissement corporel. Nous nous intéresserons dans ce chapitre aux transformations physiques dont la perception par le moi est à l'origine de la prise de conscience du vieillissement et de ses répercussions psychopathologiques.

Dans son aspect extérieur, le corps change en poids et en taille, mais c'est surtout sur la peau et le visage que s'inscrivent les ans : celle-ci perd de sa tonicité, se ride et se pigmente. Les cheveux blanchissent et tombent, puis ce sont les dents. L'image de soi et son investissement seront directement touchés par cette transformation que la majorité des personnes âgées vit de façon négative.

Les organes connaissent une modification quantitative et qualitative qui détermine des altérations dégénératives : sclérose vasculaire touchant notamment le cerveau (hypertension artérielle, embolies et ramollissements), maladies métaboliques et hormonales, troubles ostéo-articulaires (arthrose, fractures pathologiques). Cette involution crée

---

1. On entend par grand-âge celui qui est supérieur à l'espérance de vie. En cette fin de siècle, les démographes situent son seuil à 80 ans (P. Paillat, *Vieillissement et vieillesse*, PUF, « Que sais-je ? », 1986).

une vulnérabilité physique qui sera le point de départ de pathologies organiques entraînant fréquemment une réaction dépressive.

Les fonctions sensorielles subissent aussi l'effet de l'âge : diminution de l'acuité auditive et visuelle, de l'olfaction et parfois de la gustation. Cette altération n'est pas seulement à l'origine de difficultés d'adaptation et d'angoisse. Elle peut conditionner un désinvestissement de la vie relationnelle et un repli s'accompagnant alors d'un sentiment d'exclusion ou de préjudice.

L'activité sexuelle et le sommeil connaissent des modifications physiologiques vécues comme des pertes. Mais, chez l'homme, la réduction de l'activité sexuelle s'explique moins par les changements affectant sa réponse sexuelle que par la crainte de l'échec et de l'impuissance. De même, l'involution physiologique qui touche la femme à partir de la ménopause ne supprime pas ses possibilités sexuelles ; ce sont surtout les facteurs émotionnels qui agissent sur son désir. Quant au sommeil, il connaît un changement de sa structure plutôt qu'un raccourcissement de sa durée, et l'insomnie de début ou de fin de nuit est à considérer comme un trouble anxio-dépressif devant être traité.

Ce rapide aperçu nous conduit à la question de l'image du corps et de ses liens étroits avec l'amour de soi. À l'origine, c'est sur l'autonomisation et l'unification progressive des fonctions corporelles que se bâtit l'investissement de soi. Aussi l'impact narcissique de la maladie et du handicap dépendra-t-il de la solidité de cette assise. En outre, le moi qui perçoit ces transformations, plus exactement la partie consciente du moi, subit en permanence l'influence de deux instances inconscientes : le ça et le surmoi. Dans son conflit intérieur avec elles, il pourra se défendre en refoulant la représentation de ces transformations, en les niant ou encore en les amplifiant, par exemple dans la plainte hypocondriaque.

2. La transformation des fonctions cognitives

Les chercheurs sont encore divisés sur l'idée que le vieillissement s'accompagnerait nécessairement d'un déclin intellectuel, car sa démonstration pose de sérieux problèmes méthodologiques. Gardons-nous toutefois de généraliser la notion de déficit parce qu'elle ne tient pas compte des capacités de réorganisation que conserve dans la plupart des cas le moi.

En revanche, le ralentissement psychomoteur est une constante de l'âge. Il se manifeste dans les capacités d'attention, d'adaptation et d'apprentissage avec une tendance à la persévération et au stéréotype. Mais le sujet pallie habituellement l'allongement de son temps de réaction par le développement de ses capacités de synthèse. C'est ainsi que les tests font ressortir la différence entre les épreuves qui résistent à l'âge (de l'ordre des acquisitions verbales et praxiques) et celles qui sont davantage perturbées (de l'ordre des performances chronométrées). L'écart entre ces deux séries permet d'apprécier le caractère normal ou pathologique d'une dégradation intellectuelle.

La mémoire, quant à elle, se trouve au carrefour de l'instrumental et de l'affectif. On sait qu'après avoir découvert dans certains oublis l'expression d'un conflit inconscient, Freud n'a cessé d'approfondir tout au long de son œuvre la question du souvenir. Cliniquement, la mémoire à court terme est d'ordinaire plus perturbée que la mémoire à long terme. Ce sera aussi la première atteinte dans la maladie d'Alzheimer, dont le diagnostic ne pourra cependant être fait qu'avec le temps, en répétant les examens à plusieurs mois de distance. Les plaintes mnésiques sont en effet beaucoup plus fréquentes que ne le sont les atteintes objectivées par les tests, et une part importante d'entre elles révèle un état dépressif.

3. La vie pulsionnelle

Les pulsions vieillissent-elles ? Placées aux confins du psychique et du somatique, elles désignent des sources d'excitation interne qui ne s'épuisent qu'avec la mort mais dont l'expression se transforme pendant l'existence. Au niveau du moi, les pulsions rencontrent en effet des mécanismes de défense qui ne cessent de s'enrichir et de se complexifier, du moins au cours de la première partie de la vie. Ici, bien que les arguments cliniques ne manquent pas pour que l'on puisse supposer un mouvement inverse de la poussée pulsionnelle de l'adolescence, le plus déterminant n'est pas l'éventuelle baisse d'intensité de ces excitations internes mais le devenir de leur proportion ou de leur équilibre (liaison ou déliaison entre amour et haine, balance entre Éros et Thanatos).

Pour simplifier cet exposé, nous suivrons ici les principales transformations de la libido, c'est-à-dire des pulsions sexuelles au sens élargi qu'en a donné Freud. Il a distingué une libido d'objet, investissant un objet extérieur, et une libido narcissique, prenant pour objet le moi lui-même. Elles se différencient au fil d'un développement allant du narcissisme primaire préobjectal à la construction de l'objet partiel, puis de l'objet total. À chacun des stades oral, anal, phallique et génital correspond donc un état particulier de l'investissement du moi et de l'objet.

Quand elle est touchée par une séparation ou un deuil, la libido d'objet se détache du monde extérieur pour se replier sur le moi. Ce retrait n'est pas irréversible, dans la mesure où le monde extérieur propose de nouveaux objets à réinvestir. Sans disparaître, les relations objectales peuvent aussi se modifier dans le sens d'une régression libidinale : tout comme les amours œdipiennes ont jadis régressé devant les interdits parentaux et le verdict de la réalité, on voit nombre de sujets âgés abandonner la recherche des satisfactions génitales pour se reporter sur le plaisir oral ou anal.

La libido du moi nourrit l'amour de soi et le sentiment de sa valeur personnelle. Or le repli narcissique de la libido objectale rencontre un moi en plein remaniement et en complète réévaluation de ses objets internes. Ce dernier tombe en outre sous le jugement d'un surmoi qui est parfois resté pendant toute l'existence le porte-parole d'une identification idéale et grandiose. Un des principaux facteurs de la réussite de ce mouvement narcissique secondaire sera donc la prévalence de l'idéal du moi (le modèle œdipien auquel le sujet cherche à se conformer) sur le moi idéal (caractérisé par la toute-puissance narcissique-phallique). Lorsqu'elles ont été suffisamment organisées dans l'enfance, la réactivation tardive des positions œdipiennes est à cet égard étayante, car elles comportent la réassurance sur la valeur personnelle qu'apporte l'échange d'amour avec l'enfant du même sexe.

Dans le cas contraire, le retour de la libido détachée des objets sur le moi ouvre la voie d'une série d'évolutions pathologiques : il peut précipiter la perte de l'estime de soi et la dépression, déclenchées par la déliaison entre libido et agressivité, et le retournement de l'agressivité contre soi. La libido peut se concentrer sur le moi corporel sur le mode de l'hyponcondrie, dont les plaintes physiques soutiennent l'investissement de soi. Ce retour peut aussi alimenter un surinvestissement pathologique de soi et de ses capacités, à travers des idées de grandeur et un déni de ses insuffisances ou de ses pertes.

4. Le travail du deuil et la représentation de la mort

Par le déclin physique, les séparations et les deuils qu'elle entraîne, la vieillesse est à ce point placée sous le signe de la perte que l'on tend à lui ramener toute sa psychopathologie, l'expérience de la perte pouvant être aussi bien à l'origine des dépressions que des réactions délirantes ou confusionnelles et de l'atteinte du moi dans les démences.

Or les pertes ne suffisent pas pour comprendre les tableaux pathologiques qu'on leur rattache. Pourquoi, en effet, un événement ou un déficit n'aura-t-il pas les mêmes répercussions d'une personne à l'autre ? La réponse implique une double approche, à la fois historique et structurale. Un deuil renvoit toujours à des deuils vécus ou à des séparations passées restés plus ou moins élaborés, et il tire son effet traumatique éventuel de l'état de désorganisation du moi, donc de la qualité de ses objets internes et de son narcissisme. C'est ainsi que Freud (1917) a pu écrire que l'endeuillé « sait sans doute *qui* il a perdu mais non *ce* qu'il a perdu en cette personne ». Le retour des deuils passés fera de la perte actuelle soit une reprise élaborative s'appuyant sur les acquis identificatoires laissés par les deuils anciens, soit l'abord tardif de l'expérience dépressive évitée jusqu'ici.

Sous le nom de « crise du milieu de la vie », Jaques (1963) a décrit une étape de réévaluation intérieure qui reproduit la position dépressive de l'enfant au moment où il réunit la bonne et la mauvaise mère en une personne unique. Cette angoisse est dite dépressive parce qu'elle comporte une double inquiétude pour le devenir de l'objet et du moi. L'objet n'est plus un objet partiel alternativement bon à garder et mauvais à rejeter, mais un objet total simultanément aimé et haï par un moi craignant de le détériorer ou de le perdre. Ce premier passage par la position dépressive est indispensable pour que, plus tard, quand le moi touché par l'âge redécouvre sa destructivité interne, il puisse faire le deuil de son immortalité tout en conservant l'amour de soi, non plus d'un soi tout-puissant mais d'un soi marqué par la finitude.

L'âge de survenue de cette crise de la maturité, intermédiaire entre l'accession à l'âge adulte et la sénescence, varie d'une personne à l'autre. On la définit comme le moment où l'individu prend conscience des limites temporelles et symboliques de son existence. Selon qu'à l'image de la position dépressive de l'enfance, cette étape aura été éprouvée ou esquivée, la sénescence sera à son tour ouverte sur le travail psychique ou défensivement fermée à toute prise de conscience de ces réalités intérieures.

Les défenses contre l'expérience de la perte peuvent rester adaptées ou prendre une forme pathologique. Elles se situent alors préférentiellement dans l'axe maniaco-dépressif, comme toutes les pathologies du narcissisme. Chez elles, le vieillissement touche un moi qui n'a pas atteint la complétude, au sens où l'estime de soi n'intègre pas tous les aspects du moi en liant ses bons et ses mauvais objets internes.

Dans la dépression mélancolique, le moi a retiré la libido de l'objet perdu, mais il s'identifie encore à lui à travers les reproches qu'il reçoit du surmoi. Dans les états d'excitation maniaque, c'est au contraire un moi triomphant du surmoi qui prétend maîtriser la possession du bon objet et dominer parfaitement le risque de jamais le perdre. Les mécanismes de défense qui entrent ici en jeu (clivage de l'objet, déni, projection) peuvent se retrouver dans des tableaux cliniques moins aigus : pathologies du caractère avec hypomanie et agressivité, délires interprétatifs tardifs.

Observation 1 : Agnès

Agnès, âgée de 83 ans, vient de quitter la ville de province où elle a toujours vécu pour entrer dans une résidence à proximité de sa fille. Son mari est décédé deux ans plus tôt d'un cancer et elle-même a subi il y a six mois la chirurgie, la radiothérapie et la chimiothérapie d'un cancer du sein.

Souriante, sthénique et familière, elle n'exprime aucune angoisse mais se félicite au contraire de posséder un caractère lui évitant de se laisser aller. « Ma fille m'a dit : “Maman viens près de nous”, je n'aurais pas dû, je n'ai pas assez pensé à moi. J'ai une santé du tonnerre mais il faut me donner quelque chose pour me remonter ». Comme elle observe que sa fille a fait sa vie, nous lui demandons si elle n'en attend pas quelque chose, ce qu'Agnès dénie aussitôt : « Je n'ai pas besoin de mes enfants pour vivre. Il faut vivre, si ma fille me perdait elle n'aurait plus rien ».

Cette défense contre la dépression et l'angoisse de perte va céder deux mois plus tard, après une absence de quinze jours de sa fille : « Maintenant que ma fille est là, tout va bien. On a besoin, voyez, d'avoir un contact. Je n'avais plus rien, de me voir toute seule ça m'a attaqué les nerfs. Il faut me donner quelque chose qui me fouette et que je renaisse à la vie ». Mais ce n'est qu'encore plus tard, après une absence de son auxiliaire de vie de trois jours (d'un mois nous dit-elle), qu'Agnès pourra nous parler de la mort de son mari et nous montrer en pleurant la photographie de celui-ci.

Pour compléter ce tableau de défense maniaque s'appuyant sur des mécanismes d'identification projective, ajoutons que la fille d'Agnès a pour sa part demandé un soutien psychothérapique après la mort de son père, qu'elle se plaint d'être lâchée par ses trois frères face aux problèmes de sa mère et que ses attentes se placent manifestement en miroir de celles de sa mère.

5. Le devenir du moi

Freud nous a donné de la structure de l'appareil psychique deux conceptions successives et complémentaires : la décomposition en trois systèmes (conscient, préconscient et inconscient) et en trois instances (moi, ça et surmoi). Le moi représente la partie consciente du psychisme, telle qu'elle s'est modifiée sous l'influence directe du monde extérieur et des perceptions corporelles. C'est à la fois l'instance de l'épreuve de réalité, celle qui éprouve l'angoisse et la souffrance et le lieu des conflits l'opposant au ça et au surmoi.

La crise d'identité de la vieillesse est abordée de manière différente par la psychologie sociale et la psychanalyse. Pour la première, l'identité est étroitement dépendante de l'engagement de l'individu dans une série de rôles dont il reçoit en retour une image. La rupture de ces rôles s'accompagnera de la perte d'un ensemble de repères spatio-temporels (rythmes professionnels, sociaux, familiaux, conjugaux) organisant l'identité.

Du point de vue psychanalytique, l'identité repose sur une succession d'identifications jalonnant l'histoire de la construction du moi. Les crises de la sénescence entraînent le remaniement des relations du moi avec les instances héritées de ces identifications passées : moi idéal, idéal du moi, surmoi. Elles pourront ainsi confronter le moi vieillissant à un surmoi génital, incarnant les parents œdipiens à la fois interdicteurs, aimants et protecteurs, ou à la projection sur les enfants d'une imago parentale toute-puissante soit dans l'étayage, soit dans la destructivité.

Le moi touché par le processus démentiel ne connaît pas seulement une régression temporelle et libidinale, mais aussi une régression topique touchant son fonctionnement. Pour Le Gouès (1991), cette désorganisation suit deux étapes. Privée des représentations de mots, la pensée commence par régresser à un fonctionnement comparable à celui du rêve : c'est la pensée figurative, tournée vers les perceptions extérieures qui prennent de plus en plus le pas sur la mémoire, c'est-à-dire sur les perceptions internes puisées dans le pré-conscient. Le dément a besoin de s'appuyer sans cesse sur la perception des objets réels pour retrouver au dehors les objets internes et les représentations désormais inaccessibles à sa pensée.

Puis à la perte de l'identité de pensée succède la perte de l'identité de perception, le dément n'étant plus capable de donner une signification stable à l'objet perçu. À ce stade de confusion touchant les objets extérieurs aussi bien que la réalité intérieure se pose la question de la capacité du moi à éprouver encore certaines angoisses spécifiques, telles que l'angoisse d'abandon ou la peur en présence de personnes étrangères. Mais la clinique montre que la disparition de l'angoisse n'est qu'intermittente et que le dément conserve un fonctionnement psychique dans le registre du plaisir-déplaisir nous permettant de parler encore d'une identité affective. Cette réalité souligne l'importance du climat de la relation avec le dément et explique que l'affect relance ses capacités représentatives restantes.

Observation 2 : Jeanne

Jeanne, que nous avons suivie en résidence pour un déficit mnésique associé à des troubles comportementaux, vit désormais en Cantou. Son expression figée et son regard triste évoquent une souffrance intérieure qu'elle se défend de verbaliser en disant régulièrement qu'elle est bien où elle est et qu'elle entend garder ses soucis pour elle, afin de ne pas nous ennuyer. On reconnaît dans cette discrète opposition les défenses de caractère qui ont marqué l'existence de cette femme née sans main droite et qui exerçait la profession de repasseuse.

Jeanne a été hospitalisée la semaine dernière pour l'ablation d'un calcul vésiculaire sous cœlioscopie. « Non, dit-elle, je n'ai rien eu comme opération. Pourquoi m'avez-vous faite venir ? Pour savoir si je ne suis pas mourante ? » ajoute-t-elle avec un clin d'œil à l'infirmière. Cette dernière précise alors que Jeanne n'a montré aucune réaction ni avant ni après l'intervention, ce qui lui paraît normal parce qu'elle oublie à mesure. « Et ici, quand on lui montre la cicatrice, elle ne la voit pas ». Jeanne répète : « Vous me croyez mourante, vous voulez que je sois malade mais je ne suis pas malade pour le moment. Vous voulez me diminuer de plus en plus, vous voulez que je sois crevante, vous voulez m'enterrer ».

Ces paroles montrent que l'opération subie par Jeanne a constitué une double agression contre son intériorité à la fois physique et psychique. Mais, vraisemblablement du fait d'une déficience de ses représentations de mot, sa défense se déplace sur le pôle perceptif : non seulement il n'y a pas de représentation de l'intervention mais il n'y a pas de perception désagréable puisqu'elle n'en voit pas la cicatrice. Et c'est secondairement, en appui sur le déni et en réaction à nos questions menaçant cette défense, qu'apparaît le sentiment de persécution que nous l'avons souvent entendue exprimer dans les entretiens familiaux et qui se trouve ici réactivé par la blessure narcissique actuelle. Notons aussi dans ses accusations l'intervention d'une défense par l'identification projective, impliquant que nous ne déniions pas à notre tour les pensées de mort et les émotions que Jeanne nous fait éprouver.

6. LES DÉCOMPENSATIONS PSYCHIQUES TARDIVES

L'adage « on vieillit comme on a vécu » illustre la conception structurale selon laquelle, une fois franchi le stade de l'adolescence, la personnalité de l'adulte se trouve engagée dans une organisation ou un aménagement qui ne varieront plus et qui conditionneront dans une large mesure sa crise de la sénescence et ses éventuelles issues pathologiques.

Dans cette perspective, on peut classer, avec J. Bergeret (1996) les personnalités selon trois lignées :

– *la lignée névrotique* ayant atteint le niveau d'organisation œdipien, caractérisée par la génitalité, l'angoisse de castration et dont la défense centrale est le refoulement ;

– *la lignée psychotique* restée au stade de la relation fusionnelle avec l'objet, dominée par l'angoisse de morcellement et la défense par le déni de la réalité ;

– *la lignée prégénitale* regroupant dans la classe des états-limites tous les aménagements cliniques possibles d'une relation anaclitique avec l'objet réel dont dépendent le sentiment de complétude et l'amour de soi. Cette dépendance permanente de l'amour d'une personne vécue comme plus grande et plus forte s'accompagne de l'angoisse de perte d'objet et de la dépressivité.

Rares sont les névroses qui s'installent cliniquement à la sénescence, mais, sous l'effet des atteintes narcissiques et des pertes objectales de cet âge, les organisations génitales peuvent connaître des régressions libidinales. Pour une personnalité névrotique, la vieillesse et la perspective de la mort réactivent l'angoisse de castration et la régression pulsionnelle qu'elle avait jadis déclenchée.

Chez les personnalités psychotiques, la menace narcissique activera une angoisse de morcellement ou d'effondrement pouvant conduire à une décompensation délirante tardive, sur un mode aigu ou chronique. C'est la question de la survie du moi qui donne leur sens à ces délires habituellement plus interprétatifs qu'hallucinatoires, et l'on sait la prudence avec laquelle il faut envisager la suppression de cette défense.

Mais ce sont les aménagements limites qui connaissent à l'évidence les plus nombreuses décompensations tardives, car ce sont les plus vulnérables à la perte d'étayage que représentent les séparations et les deuils de l'âge. Dans la conception de J. Bergeret, ces événements jouent comme un traumatisme désorganisateur en répétant un premier survenu précocement, au seuil de la situation œdipienne, et qui l'a compromise. Si la dépression est leur forme la plus fréquente, ces décompensations peuvent aussi prendre la voie des pathologies du caractère (refus de la dépendance), de la somatisation et de l'hypocondrie ou de régressions aiguës et massives. Enfin, exposés plus que les autres au risque d'une désorganisation traumatique, ce seraient aussi les aménagements limites qui connaîtraient les évolutions démentielles tardives ne répondant pas aux critères spécifiques de la maladie d'Alzheimer (*cf.* l'observation 2).

En conclusion, il est incontestable que la structuration de la personnalité oriente l'expérience de la sénescence et détermine ses formes pathologiques. La qualité des défenses, la pauvreté ou la richesse de leurs registres, leur souplesse ou leur rigidité, offriront encore une possibilité évolutive variant d'une personne à l'autre.

Le facteur structural ne doit cependant pas faire négliger l'importance de l'entourage, c'est-à-dire des objets réels et actuels représentés par la famille du sujet âgé. Ce dernier y prendra appui soit pour relancer son travail identificatoire, soit pour y puiser les investissements indispensables à son narcissisme défaillant. Sans permettre d'ultimes remaniements structuraux, du moins le maintien et l'équilibre des investissements narcissiques et objectaux évitent-ils une désorganisation qui peut aller jusqu'à la perte du moi. Ainsi le point de vue psychodynamique individuel, loin de présenter l'image d'un vieillard fermé sur lui-même, souligne-t-il l'importance de sa vie relationnelle dans ses dimensions familiale, institutionnelle et thérapeutique.

Chapitre 2

VIEILLISSEMENT ET CONFLIT ŒDIPIEN

Avec ce qu'il est convenu d'appeler l'Œdipe du troisième âge, nous abordons les relations familiales sous leur forme à la fois la plus évidente et la mieux organisée, puisque parents et enfants y interagissent comme des personnes différenciées selon leur sexe et leur génération. S'il y a crise, les angoisses archaïques mobilisées par le vieillissement resteront contenues dans une conflictualité individuelle qui renvoie chacun à son histoire intérieure et, en particulier, aux étapes de son développement psychosexuel personnel.

La conception commune selon laquelle les parents deviennent en vieillissant les enfants de leurs enfants repose sur une dissymétrie comparable à celle de la relation enfant-parents, l'âge plaçant le parent en position de dépendance vis-à-vis de ses enfants vécus comme forts et puissants. L'idée d'une réédition ou d'une activation tardive des positions œdipiennes va plus loin, car elle implique non seulement la découverte freudienne de la sexualité de l'enfant, mais aussi la persistance des traces de l'infantile tout au long de la vie adulte.

Loin de se limiter au classique conflit des générations, cette réactivation œdipienne apportera à la crise de l'âge une composante libidinale qui fera souvent défaut aux crises du grand-âge. Nous devrons toutefois distinguer dans ce cas les crises s'inscrivant dans un rapport des sexes et des générations authentiquement organisé selon le complexe d'Œdipe, l'interdit de l'inceste et le fantasme de castration, des situations ou des attitudes qui sont simplement d'allure œdipienne. Quant aux crises du grand-âge, que nous étudierons au chapitre suivant, elles surviendront précisément lorsque les atteintes du parent déborderont les possibilités d'intégration de l'organisation psychosexuelle familiale, du fait soit de son inachèvement, soit du caractère traumatique particulier de ces atteintes.

1. L'Œdipe inversé

Dans *Œdipe à Colone*, Sophocle fait chanter au héros devenu vieux l'amour de ses filles et refuser à ses fils la possession de son trône, en leur prédisant une mort mutuelle. Plus près de nous, la méchante reine qui veut supprimer Blanche-Neige figure aussi la jalousie des vieux parents vis-à-vis des jeunes qui possèdent la beauté, la force et l'amour.

Pour Grotjahn (1955) qui est le premier à avoir employé en ce sens l'expression d'« Œdipe inversé », le vieillissement répète la menace de castration et offre au parent âgé la possibilité d'une élaboration terminale de cette angoisse spécifique. « Lorsque nous voyons nos enfants grandir, nous traversons une phase de "sentiment œdipien inversé" au cours de laquelle ce n'est plus le fils qui craint le père, mais le père vieillissant qui doit élaborer ses sentiments envers son fils plus jeune. Si cela peut se faire de manière harmonieuse, la base d'une intégration réussie des problèmes existentiels de la vieillesse est déjà posée ».

Notons d'abord qu'en psychanalyse l'Œdipe inversé désigne aussi la forme encore dite négative de ce complexe, à savoir l'amour de l'enfant pour le parent du même sexe et son hostilité jalouse à l'égard du parent du sexe opposé. Le complexe d'Œdipe ne se limite pas, en effet, à l'angoisse de castration accompagnant la rivalité classique avec le parent du même sexe, il place également l'enfant dans une position passive lui permettant de recevoir quelque chose de ce parent. C'est parce que l'Œdipe du troisième âge réactive l'ensemble des positions affectives de la constellation œdipienne infantile, et pas seulement la menace de castration, qu'il a une valeur narcissiquement positive. Ainsi Grotjahn peut-il écrire que « le père ne doit pas se soumettre à son fils, ni le tuer comme le père d'Œdipe tenta de le faire. Il doit comprendre que sa vie peut se continuer en son fils et par celui-ci ».

En comparant le statut des parents âgés dans l'Ancien et le Nouveau Monde, Grotjahn écrit que la génération des parents du Nouveau Monde souffre d'être privée de la génération restée dans le Vieux Pays et de se voir simultanément acculée à une compétition perdue d'avance avec les jeunes. Cette entrée en scène d'une troisième génération, celle des parents du parent, ne nous montre-t-elle pas que l'Œdipe inversé repose sur une identification du fils au père du père et qu'elle est pour ce dernier un moyen de rétablir le lien avec le parent perdu ? Si nous voulons saisir tous les enjeux de cette réactivation œdipienne tardive, nous devons donc dépasser l'idée d'une simple permutation entre parent et enfant sur les positions qu'ils ont jadis occupées l'un vis-à-vis de l'autre. Quant à cette inversion elle-même, nous allons voir qu'elle n'est nullement spécifique de l'âge, puisqu'elle se retrouve dans un fantasme infantile s'organisant d'ailleurs lui aussi selon trois générations.

2. LES ORIGINES INFANTILES DU FANTASME DE RENVERSEMENT DES GÉNÉRATIONS

Pour E. Jones (1948), au fur et à mesure qu'ils grandissent, les enfants s'imaginent que leur position par rapport aux parents s'intervertit, au point qu'ils finissent par se croire le vrai parent de leur père ou de leur mère, c'est-à-dire l'équivalent de leur grand-père. Il cite à l'appui de cette idée une série de conceptions enfantines glanées dans la littérature : vers la fin de leur vie, les vieilles personnes redeviennent petites ; elles peuvent aussi rapetisser après leur mort et revenir sur terre en tant que bébé, ce qui serait l'origine de la croyance en la réincarnation. La mythologie et le folklore fournissent aussi des exemples de cette identification de l'enfant aux parents du parent, qui se retrouve encore dans certaines tribus indiennes d'Amérique du Nord, où l'enfant est traité comme une véritable réincarnation du grand-père, ainsi que dans notre coutume de donner aux enfants le prénom d'un grand-parent.

Jones fait remonter ces croyances à la conviction narcissique de l'immortalité du moi, étendue aux personnes aimées. Mais, à côté du désir tendre de soigner les parents comme s'ils étaient ses propres enfants, le fantasme du renversement de l'ordre des générations satisfait aussi la haine envers les parents, dont l'enfant souhaite pouvoir se venger plus tard des mauvais traitements qu'ils lui ont infligés.

Ce retour aux sources infantiles du fantasme du renversement des générations, notamment au désir d'avoir un enfant du père et de la mère, nous montre comment le vieillissement peut être inconsciemment vécu comme l'accomplissement ou l'échec du projet œdipien. Pour le fils, le fantasme de devenir le père de son père contient le désir de prendre sa place auprès de la mère et de l'engendrer avec elle. Dans l'imaginaire œdipien du père âgé, la puissance de son fils réactive la menace de castration éveillée jadis par ce désir et répète la blessure narcissique qu'a représentée son incapacité à l'accomplir. Mais, simultanément, le père attend du fils aimé la tendresse qu'il a autrefois reçue de son propre père.

S'il y a réédition du complexe d'Œdipe, elle s'arrête là, car l'issue n'en sera pas la même. Jadis, l'enfant a renoncé au projet œdipien avec l'assurance de pouvoir faire plus tard, et avec un autre partenaire que les parents, ce qui lui était refusé par sa condition actuelle et par l'interdit de l'inceste. Or l'homme ou la femme âgée qu'il est aujourd'hui devenu ne peut plus se dédommager par la même attente, sauf à penser, comme Grotjahn, en terme de génération, c'est-à-dire en relayant le « pas maintenant mais plus tard » de l'enfance par « pas moi mais mon fils ou ma fille ».

Observation 3 : Madeleine

Alors que sa mère âgée de 91 ans vient d'être pour la première fois hospitalisée pour une chute suivie d'un épisode confusionnel, Madeleine, qui a 64 ans, se plaint d'un retour des symptômes phobiques pour lesquels elle a entrepris une psychothérapie en face à face et nous rapporte un rêve qu'elle vient de faire à deux reprises.

« Je passe un examen pour lequel je me sens prête mais je l'échoue, et ma fille le réussit. La première fois, je me dis que cela ne m'étonne pas parce que c'est mon mari qui est le correcteur, la deuxième fois je ne vois pas qui est le correcteur ».

Dans la suite de la séance, Madeleine nous parle d'une consultation récente de sa fille âgée de 25 ans et mariée depuis deux ans, chez qui a été diagnostiqué à l'adolescence un adénome hypophysaire. « L'endocrinologue a fait des examens, l'adénome a disparu et ma fille a des ovulations. J'ai moi-même constaté qu'elle a changé, qu'elle est redevenue très mignonne et qu'elle est beaucoup mieux dans sa peau ».

Madeleine a perdu à 8 ans un père instituteur très idéalisé qui préparait les jeunes du canton aux concours de l'enseignement secondaire. Par la suite, même mariée et mère de trois enfants, elle est toujours restée étroitement proche et dépendante d'une mère qu'elle nous présente comme un personnage mondain dont les ans n'avaient jusqu'ici jamais entamé la belle prestance et la forte personnalité. Tandis qu'elle s'interdit la moindre manifestation d'ambivalence en présence de sa mère, Madeleine ne se prive pas de la critiquer auprès de nous en dévoilant tout ce que sa phobie des relations sociales comporte d'envie à son égard.

Dans ce rêve œdipien, Madeleine déplace sur sa fille la rivalité avec sa mère. Mais c'est pour traiter une problématique d'ordre plus narcissique que génital. L'angoisse qu'a activée la première défaillance maternelle est ici reprise sur un mode œdipien où il s'agit, à travers sa fille, du désir jadis éprouvé de prendre la place de sa mère auprès de son père. L'enjeu narcissique de la situation œdipienne, source des manifestations phobiques de Madeleine, se trouvait déjà dans un rêve fait quelques années plus tôt où elle voyait se briser un vase rempli de sang. Ajoutons que, dans la dynamique du transfert, ce rêve est aussi un appel au psychothérapeute-correcteur, relai de l'imago parentale contra-phobique.

3. LE SUJET ÂGÉ COMME PARENT ŒDIPIEN

L'enfant devenu adulte a lui aussi rendez-vous avec les parents œdipiens. Chez le fils comme chez la fille, la confrontation avec le vieillissement, non plus fantasmatique mais réel, du père et de la mère relance en effet l'angoisse de castration et sa nécessaire élaboration. Devenir imaginairement le père du père ou la mère de la mère masquerait alors la reviviscence de ce complexe infantile dont nous ne serions jamais véritablement sortis. Nous allons voir comment une série de représentations culturelles et d'attitudes individuelles contiennent la projection de nos désirs inconscients et de notre ambivalence envers les parents œdipiens.

Dans la tragédie de Sophocle, quand au terme de son existence Œdipe parvient en compagnie de sa fille Antigone à l'orée du bois de Colone, il lui est demandé de quitter ce lieu « interdit à tout pas humain ». Il est en effet consacré aux Euménides, nom que prennent les Érynies lorsque le criminel qu'elles pourchassent s'est enfin purifié de son crime. À l'instar de ces deux visages bienveillant et infernal d'une même divinité, le mot latin *sacer* et le mot polynésien *tabou* condensent les deux sens opposés de sacré et dangereux, qui s'appliquent dans notre cas tout à la fois à ce lieu et à la personne d'Œdipe.

Freud (1913) rattache en effet le tabou à l'ambivalence : « L'homme peut devenir tabou d'une façon permanente ou passagère parce qu'il se trouve dans une situation susceptible d'exciter les désirs défendus des autres, de faire naître chez eux un conflit entre les deux extrêmes de leur ambivalence. [...] Le cadavre, le nouveau-né, la femme en état de souffrance attirent, par leur impuissance à se défendre, l'individu qui vient d'atteindre sa maturité et y voit une source de nouvelles jouissances. C'est pourquoi tous ces individus et tous ces états sont tabous ; il ne convient pas de favoriser, d'encourager la tentation ».

Pour l'inconscient, le déclin du parent est la conséquence directe de notre hostilité et de nos vœux de mort à son égard. Sa faiblesse et notre ambivalence en feront un être tabou, dont les aspects inquiétants et dangereux ne seront que la projection de nos désirs, que rend désormais d'autant plus inacceptables la réalité. L'hostilité fréquente des familles envers les soignants peut, dans le même sens , s'interpréter comme le déplacement sur un tiers de la composante hostile de l'ambivalence vis-à-vis du parent.

Sans aller jusqu'à sacraliser les vieillards, les campagnes d'opinion dont ils font l'objet depuis quelques années portent la marque de la même ambivalence. Sur les deux faces contrastées de cette classe d'âge, présentée tour à tour comme extrêmement vulnérable et économiquement forte, se projette un conflit faisant de chacun des parents tantôt un objet d'amour à posséder, tantôt un rival à éliminer. L'expression « personne âgée » paraît condenser des sens et des attitudes analogues : le qualificatif « âgé » représente la faiblesse et le besoin, alors que l'on parle de la « force » de l'âge, des privilèges de l'âge et du respect qui lui est dû. Remarquons cependant que, par son genre neutre désexualisant le parent, cette expression nous transporte dans un imaginaire phallique, ignorant ou refusant la différence des sexes et ne connaissant que celle de la force et de la faiblesse.

En revanche, la dénégation de la sexualité du vieillard s'inscrit dans le registre génital quand elle marque la résurgence du désir infantile d'empêcher les parents de faire ensemble d'autres enfants. Elle peut se retrouver à l'origine d'une décision aboutissant à séparer le couple âgé « parce qu'ensemble ils se disputent sans cesse et se font souffrir. D'ailleurs, entendons-nous souvent les enfants ajouter, nos parents ne se sont jamais aimés et nous savons bien aujourd'hui que c'est contre la volonté de notre mère que notre père lui a fait des enfants ». *A contrario*, la répression de ce fantasme de scène primitive peut aller jusqu'à rendre insupportable tout projet impliquant une séparation des deux parents, comme si la réalité matérielle les plaçait effectivement en position passive face à des enfants œdipiens qui désirent avoir le contrôle de leurs rapports.

L'ensemble de ces défenses contre le conflit et l'ambivalence œdipienne se retrouve bien entendu chez les soignants, qui peuvent inconsciemment les agir à travers des attitudes ou des décisions en apparence dictées par la seule réalité extérieure : compétition avec les enfants aboutissant à leur mise à l'écart, dénégation de l'hostilité du parent envers ces derniers, séparation d'un couple âgé... Grotjahn a aussi montré comment les problèmes de contre-transfert au cours de la psychothérapie des patients âgés tenaient à l'âge du thérapeute et à l'analyse personnelle de son attitude envers ses propres parents.

4. MENACE NARCISSIQUE ET DÉFENSE ŒDIPIENNE : *LE ROI LEAR*

Jusqu'à présent, nous avons tenté de reconnaître, dans les relations du parent âgé avec ses enfants, ce qui portait la marque d'une authentique conflictualité œdipienne. Mais nous y retrouvons également des attitudes d'allure œdipienne et génitale qui représentent en fait une défense contre un imaginaire d'un autre niveau, non plus œdipien mais narcissique. La tragédie shakespearienne du *Roi Lear* nous en offre un exemple convaincant.

Lear est un vieillard plein de vie qui entre en scène en proclamant sa résolution de partager son royaume entre ses trois filles en proportion de l'amour que chacune lui porte. Apparemment assuré de leur amour, puisque Gloucester annonce que le roi a déjà fait le partage de manière si égale qu'on ne saurait dire à qui va sa plus haute estime, il entend encore le mesurer. Dès lors, on ne saurait se tromper sur la nature narcissique de l'érotisation de la scène du partage et de ce personnage de père séducteur excitant la rivalité de ses filles.

Lorsque celle qui lui est la plus chère, Cordelia, se déprécie à ses yeux par sa réserve pudique, il la chasse en prétendant que c'est elle qui perd un père et non lui qui la perd. Plus tard, Regane et Goneril précipitent à leur tour la dévalorisation de leur père en lui retirant sa garde de cent chevaliers et en le privant de leur soutien filial. Il apparaît alors qu'en se dépossédant de son royaume, Lear tentait d'étayer in extremis sur l'amour de ses filles son monde intérieur menacé d'effondrement.

La fonction défensive de cette mise en scène œdipienne ressort bien du parallèle avec ce qui constitue l'intrigue secondaire du drame : la rivalité entre le fils légitime Edgar et le bâtard Edmond vis-à-vis de leur vieux père, Gloucester. Tandis que le couple de ces derniers incarne l'ambivalence de la conflictualité œdipienne, la relation de Lear avec ses filles est dominée par la question de l'étayage et de la perte de l'objet narcissique. Ajoutons que Gloucester évoque avec un plaisir non dissimulé la nuit où il conçut Edmond avec une belle roturière, alors que Lear ne cite jamais la mère de ses filles autrement qu'à travers l'image de son tombeau.

La difficulté qu'éprouve ce puissant vieillard à reconnaître qu'il ne s'est dépossédé que pour recevoir en retour quelque chose de ses enfants nous rappelle encore que l'Œdipe au troisième âge ne désigne pas seulement la reviviscence avec les enfants de l'hostilité que le parent a jadis éprouvée envers ses propres parents. Il comporte aussi l'attente de ce qu'il désirait jadis recevoir de chacun des deux parents, dans une attitude féminine-passive ayant alternativement pour objet son père et sa mère.

Or il semble bien que cette structuration et cette ambivalence caractéristiques du complexe d'Œdipe fassent défaut au roi Lear, comme le montrent sa cruauté, c'est-à-dire la déliaison de son amour et de sa haine, et surtout le contenu prégénital de son attente. La relation qu'il instaure avec ses filles n'est pas organisée par la différence des sexes et des générations mais selon le primat du phallus, ne connaissant que l'alternative de la complétude et de la défaillance, de la toute-puissance et de l'impuissance. Pendant la première partie du drame, l'emprise que Lear tente de garder sur ses filles, en faisant de leur amour un attribut phallique, s'accompagne du déni de ses affects dépressifs ; cette position mégalomaniaque ne cédera d'ailleurs qu'au moment de son exil dans la lande.

Remarquons aussi que le même fantasme de toute-puissance et de possession totale de l'objet agit en symétrie chez ses deux filles aînées, selon une recherche d'étayage mutuel qu'il nous arrive d'observer dans des familles où un parent âgé se laisse déposséder pour s'assurer l'amour de ses enfants, tandis que ces derniers ne voient dans ce geste que la juste réparation d'un manque à combler. Pourtant, Cordélia ne s'y trompe pas, qui, refusant de renchérir sur les réponses flatteuses de ses sœurs, préfère perdre sa part d'héritage plutôt que d'être le miroir narcissique de son père : « Pourquoi mes sœurs ont-elles des maris si elles prétendent vous donner tout leur amour? » lui répond-elle, au nom de l'amour objectal, quand est venu son tour de parler.

5. L'APPORT DU PSYCHO-SEXUEL AU TRAVAIL DE VIEILLIR

Resexualisation des liens et angoisse de castration

Ce que nous avons dit jusqu'ici de la réactivation œdipienne de la sénescence souligne surtout son versant pulsionnel et sa valeur économique : déjà touché dans son sentiment d'éternité par la crise du milieu de la vie, le moi, qui doit faire face à de nouvelles blessures narcissiques, se tourne, à travers ses enfants, vers ses anciens objets d'amour. Cette resexualisation des liens avec les enfants sera d'autant plus intense et durable quand le moi devra aussi pallier des défaillances narcissiques anciennes.

Mais l'apport du conflit œdipien au travail du vieillir ne se limite pas au réinvestissement des positions œdipiennes infantiles rappelant ce que la possession du pénis a eu jadis de narcissiquement rassurant. Il comporte aussi, secondairement, l'élaboration de la privation et du renoncement.

L'analogie entre les pertes et les frustrations de la vieillesse et le renoncement qui fut jadis l'issue du complexe d'Œdipe a conduit nombre d'auteurs, à commencer par Freud, à faire de l'angoisse de mort un avatar de l'angoisse de castration. Pour H. Bianchi (1983), « le cadre œdipien permet de situer, en la déplaçant à l'intérieur d'un schéma déjà exploré et expérimenté, une menace d'un type nouveau (la mort) qui sera assimilée à la menace de castration ou à celle de perte d'amour ».

Cette fonction de sens de la situation œdipienne et de l'angoisse de castration s'appuie directement sur ce que Freud a nommé le « psycho-sexuel », en désignant ainsi non seulement les pulsions mais l'ensemble des représentations de choses sexuelles et des fantasmes dont le refoulement contribue à enrichir le préconscient. Les possibilités de mise en représentation qu'offre le psycho-sexuel seront utilisées par l'appareil psychique pour lier l'angoisse créée par les transformations physiques actuelles au traumatisme sexuel jadis organisateur du fantasme de castration. Pour l'inconscient qui ignore le temps et n'a aucune représentation de sa propre mort, la perte de la force et de l'amour, désormais regardés comme l'apanage de la jeunesse, sera assimilée à la blessure que fut jadis pour l'enfant la confrontation de ses moyens physiques avec ceux de ses parents.

Cependant, l'examen de la « fonction de sens », que Bianchi attribue à l'angoisse de castration, doit être poussé jusqu'au bout. Autrement dit, nous devons aussi considérer la manière dont les investissements narcissiques et objectaux du sujet âgé sortiront de cette deuxième crise œdipienne. Il fut jadis humiliant pour l'enfant de devoir renoncer à la réalisation de son projet œdipien lorsqu'il prenait conscience de son insuffisance physique face aux parents adultes, même si, pour son inconscient, c'était la menace de castration venue de ces derniers qui avait fait échec à son désir coupable. Mais, à moins de souffrir d'une névrose, son narcissisme et ses investissements d'objets trouvèrent vite à se réparer, d'abord à travers les activités désexualisées de la période de latence, puis dans les choix sexuels de la puberté. Œdipe âgé trouvera-t-il des dédommagements analogues ?

Désexualisation et sortie du conflit œdipien

Si l'âge active le complexe d'Œdipe du parent âgé, c'est pour le briser une seconde fois devant le constat qu'en dépit de ses désirs, ses enfants ne sont ni le père ni la mère œdipiens, ni les enfants incestueux attendus jadis. En revanche, comme nous le montre Sophocle à la fin d'*Œdipe à Colone*, ce renoncement peut lui permettre de s'identifier à eux à travers toute l'étendue du champ symbolique, où leur existence prolonge la sienne. Comme pour l'entrée en latence de l'enfant et les gains psychiques qui l'accompagnent, l'apport de l'Œdipe du troisième âge au travail du vieillir passe donc nécessairement par sa résolution et son déclin. En ce sens, les processus de désexualisation et de sublimation qu'ils impliquent ont pu faire comparer la sénescence à une seconde latence (Bergeret, 1982).

En revanche, quand le réinvestissement des positions œdipiennes recouvre la fragilité narcissique d'une personnalité qui n'a pas atteint le niveau génital, il sera d'autant plus difficile et coûteux de les abandonner, comme le montre l'effondrement tragique du roi Lear après que la réalité extérieure eut consommé l'échec de sa défense maniaque. Le moi qui ne peut affronter la perte doit maintenir avec l'objet un lien de possession dont l'enjeu n'est pas la castration symbolique mais une réassurance phallique ne connaissant que l'alternative de la toute-puissance et de l'impuissance. Qu'il utilise pour cela le cadre préformé de l'œdipien ne doit pas faire illusion. En contrepartie, il lui sera d'autant plus difficile de désexualiser ce lien et de désamorcer les dangers pulsionnels qu'il entretient. D'où une série de formes cliniques qui s'étendent de la simple attitude passionnelle jusqu'aux délires tardifs d'érotomanie ou de grossesse.

À elle seule, une distinction aussi schématique ne saurait rendre compte de la complexité de la clinique, où narcissique et objectal s'intriquent sans cesse. En outre, resexualisation et désexualisation sont des néologismes qui n'appartiennent pas au vocabulaire de la psychanalyse. Nous avons choisi cette terminologie pour décrire deux mouvements essentiels dans les relations du parent âgé avec sa famille, en sachant bien que l'identification de chacune des transformations pulsionnelles qu'ils impliquent exigerait une étude plus approfondie. Retenons que, dans le travail du vieillir, le sexuel (qui, rappelons-le, ne se limite pas au génital) vient toujours étayer le narcissisme, peut-être même jusque dans le renoncement aux buts pulsionnels qu'impose la séparation. Quant aux crises familiales que nous allons maintenant aborder, elles surviennent précisément lorsque le psychosexuel individuel et familial n'est pas suffisamment riche et organisé pour contenir des angoisses plus archaïques qui font aussi partie de l'épreuve du vieillissement.

Chapitre 3

LES CRISES DANS LA FAMILLE DU SUJET ÂGÉ

La crise familiale est un moment de fragilité ou de désorganisation induit par les dangers fantasmatiques que l'atteinte physique ou psychique du parent fait peser sur l'identité du groupe, et qui peuvent déboucher sur une simple réorganisation matérielle ou sur un travail psychique l'intégrant à son histoire.

Qu'il s'exprime ou non par une tension des relations familiales, le complexe œdipien est avant tout individuel et intérieur. C'est le modèle des crises *dans* la famille, par opposition aux crises *de* la famille, dont la source n'est plus un conflit inter-générationnel mais un danger touchant la famille en tant qu'objet commun, partagé et investi par tous ses membres. Elle devient alors à la fois la scène et l'objet d'une crise dont le climat, souvent dicté par l'urgence de la séparation, bouleverse le temps et l'espace de la vie psychique du groupe.

Ces crises ont deux caractères étroitement liés : elles sont l'apanage du grand-âge et elles se jouent plus sur le terrain du narcissisme que sur celui des relations objectales. Par rapport à l'âge des conflits œdipiens tardifs, l'avancée dans le grand-âge se marque en effet par des atteintes nouvelles qui sont autant de blessures portées à l'idéal familial et aux liens narcissiques qu'il soutient.

1. CLINIQUE DE LA CRISE FAMILIALE

Une crise est familiale quand elle se manifeste par un appel ou une souffrance impliquant au moins deux générations.

Les facteurs déclenchants

L'appel révélant la crise fait suite à une modification de l'état somato-psychique du parent ou à un changement dans son entourage. Quand ce sont des symptômes qui motivent l'appel, ils marquent habituellement l'aggravation d'une pathologie ancienne :

– survenue de chutes rendant dangereux le maintien à domicile ;
– révélation d'un risque suicidaire ou de ses équivalents (refus des soins ou de s'alimenter) chez un parent dont la dépression était passée jusque-là inaperçue ;
– passages à l'acte (opposition à la toilette, fugues) s'accompagnant de confusion ou de symptômes psychotiques (hallucinations, délire) chez un parent dont les troubles intellectuels étaient jusqu'à présent apparemment acceptés et compensés par l'entourage, et dont on craint désormais la violence.

C'est un fait d'observation courante que la famille consulte tardivement, au moment où les troubles du parent ont un tel retentissement que la plainte de son entourage s'assortit d'une demande de placement. Ce constat sera repris au chapitre 4, consacré aux processus familiaux induits par la pathologie démentielle. Contentons-nous de relever pour l'instant que la demande de la famille n'est pas seulement issue d'un symptôme mais que son appel est l'aboutissement d'un processus. La nature et le contenu du symptôme n'en méritent pas moins toute notre attention, car ils seront toujours révélateurs de la problématique familiale inductrice de la crise.

L'appel peut aussi résulter d'un changement dans l'entourage du patient : hospitalisation du conjoint, maladie ou décès d'un de ses enfants, mariage ou naissance dans la troisième génération éloignant momentanément ou définitivement l'aidant habituel. L'événement déclencheur qui rompt le couple aidant-aidé prive du même coup la famille de tout réajustement possible de l'équilibre perdu.

La souffrance familiale

À la différence des conflits d'ambivalence, où le refoulement de l'hostilité préserve l'investissement tendre et protecteur du parent, la crise familiale est d'abord marquée par le sentiment de ne plus pouvoir s'aimer. Même lorsque le motif de la crise paraît résider dans un conflit entre les enfants relatif à ce qu'il serait bon ou non de faire pour le parent, elle s'accompagne de la blessure narcissique d'appartenir à une famille incapable de préserver ses liens et ses idéaux. Parent et enfants ne la vivent pas seulement dans l'intériorité de leur amour-propre, ils partagent aussi la même souffrance d'appartenir tous ensemble à ce groupe en difficulté.

Ce moment rendu douloureux par la menace d'un double désinvestissement, celui du parent et celui de cet objet commun qu'est la famille, a été habituellement précédé par des mois, voire des années, de surinvestissement du parent malade et de répression des affects induits par la relation de dépendance.

Cliniquement, la souffrance familiale se manifestera par la dépression (dévalorisation de soi, dépréciation réciproque entre parent et enfants) ainsi que par des angoisses archaïques d'effondrement de la famille. Mais cette souffrance n'est pas toujours directement exprimée, et la crise peut porter au premier plan le déni, le clivage et l'agir, c'est-à-dire les mécanismes de défense mis en œuvre par la famille pour contenir ces angoisses.

Enfin, comme le montre l'observation suivante, la souffrance accompagnant la crise actuelle rappelle fréquemment des traumatismes ou des deuils passés non résolus. Schématiquement, la famille aura à cet égard deux manières de vivre la crise présente : soit en l'inscrivant dans une histoire dont la lecture s'en trouvera après coup renouvelée, soit en n'y voyant que la pure et simple répétition d'un destin familial déjà écrit.

Observation 4 : Perla

Perla, qui est âgée de 80 ans et vit depuis près de dix ans en résidence, est accompagnée à la consultation par sa fille et son gendre. La recevant d'abord seule, nous constatons que sa pauvreté verbale ne tient pas seulement à son origine polonaise mais qu'elle souffre aussi d'importants troubles de mémoire. Elle nous parle de la dureté du repassage, observe que « quand on est vieux on vale (*sic*) rien du tout ». Mais incapable de nous préciser sa biographie, elle répète qu'il faut demander à son gendre « qui s'occupe de tout » et s'inquiète sans cesse de savoir où sont ses enfants « parce qu'elle n'a qu'eux ».

Ces derniers nous rejoignent. La fille de Perla explique qu'ils vivent en face de la résidence et que sa mère vient jusqu'à dix fois par jour sonner chez eux. Elle entre, leur dit « bonjour messieurs dames » et repart aussitôt, sans même s'asseoir. Ses troubles de mémoire, apparus depuis cinq ou six ans, se sont récemment aggravés et s'accompagnent de troubles du comportement : à la résidence, Perla urine fréquemment devant l'appartement d'un couple voisin et, il y a quelques jours, elle est restée plusieurs heures toute habillée sous la douche. « Ça a dû lui faire un choc, observe sa fille, parce qu'après sa lucidité lui est revenue. Depuis quelque temps, elle ne parlait plus que le polonais ». Désormais, ils n'osent plus partir dans leur maison de campagne, de peur que la résidence ou leurs voisins n'appellent en disant qu'ils l'abandonnent. Ils consultent parce qu'ils se sentent « coincés » et qu'ils cherchent un établissement médicalisé.

Sa mère avait 21 ans quand elle est arrivée en France en 1929 munie d'un contrat de travail. Sa grand-mère, venue plus tard en visite, s'y est trouvée bloquée par la déclaration de guerre, si bien qu'elle l'a en partie élevée. Après guerre, déçue par son retour en Pologne, elle a tenté sans succès de revenir en France et ni sa fille ni sa petite-fille ne l'ont jamais revue. Le mari de Perla, lui aussi polonais, s'était enrôlé dans l'armée française et s'est suicidé peu après son retour de captivité. Il s'était mis à boire en découvrant qu'en son absence sa femme était partie vivre en concubinage dans une autre région en plaçant sa fille dans un centre. « Elle ne m'aimait pas. Mon mari c'est son fils mais moi, je ne suis rien. Elle m'a même dit un jour: Tu crèveras comme ton père ». Sa mère n'aurait jamais non plus accepté la fille que le couple a adoptée, après avoir longtemps espéré un enfant.

Bouleversée, la fille de Perla nous livre alors son sentiment d'avoir payé de sa stérilité un avortement de sa mère : « J'ai toujours pensé que j'avais été punie. Elle m'a fait jeter un fœtus vivant dans les W.C. J'y pense d'un coup, elle a fait aussi une fausse couche de six mois, juste avant le départ de mon père en 1939, et c'était un garçon. »

Faisant le lien entre ces contenus mortifères et l'épisode récent de la douche que nous avons entendu comme un équivalent suicidaire, nous demandons à Perla si elle pensait à sa mort : « Oui, répond-elle, débarrasser... » Sa fille enchaîne en précisant que, comme son père, le concubin de sa mère s'est suicidé un 20 mars et que le père de son mari est lui-même décédé un 20 mars. « Comme j'appréhende cette date, nous avions peur de partir et c'est la veille, le 19, qu'elle s'est mise sous la douche. »

Comme sa fille revient sur sa peur d'être accusée d'abandonner sa mère, nous avançons l'idée que, dans ses allées et venues, Perla vient peut-être vérifier que ses enfants ne sont pas partis mais qu'elle s'interdit de leur demander quelque chose. « Les navettes ont commencé début mars, je me demande si elle n'a pas ressenti que nous allions repartir. Avant, elle refusait de venir chez moi, même à Noël et aux fêtes de famille. Quand elle vivait avec son ami, on ne se voyait qu'aux vacances mais quand elle l'a perdu, elle nous a demandé de venir habiter chez nous. On a dit non et on lui a trouvé cet appartement. » « Elle aurait voulu tout commander... » enchaîne son mari.

Comment imaginent-ils le changement de résidence ? « Cette fois, ce sera la fin. Si nous l'avions laissée dans le Nord, elle ne serait déjà plus de ce monde et le docteur nous a dit : "Vous voulez la tuer, si vous la changez je ne lui donne pas un mois." Il est partisan de la garder le plus longtemps possible, tant qu'elle ne gêne pas trop à la résidence. »

Lors d'un second entretien familial, quinze jours plus tard, Perla commence par s'adresser à nous en français pour nous demander « où elle peut s'asseoir ». Comme ses enfants disent qu'ils viennent de partir dix jours dans leur maison de campagne, Perla soupire. « Même que j'ai été, je rappelle plus, je connais plus », répond-elle quand nous lui parlons de cette maison. Nous essayons de revenir sur la séparation de Perla avec sa famille, lorsqu'elle a jadis quitté la Pologne. Aînée de sept, ayant perdu son père jeune, elle fut la seule des enfants à partir avec un convoi d'une centaine d'immigrés. Mais tout cela ramène vite sa fille à la « mauvaise » mère qu'elle a connue enfant et qui la punissait en lui faisant manger sa soupe debout, quand elle ne la couchait pas sur ses genoux pour la frapper avec une ceinture...

Pendant toute la suite de l'entretien, Perla l'écoute en silence, avec une expression douloureuse. Momentanément rassurés par la directrice de la résidence, les enfants suspendent leur projet d'entrée dans un établissement médicalisé, sans que nous puissions travailler davantage les contenus familiaux activés par cette problématique de séparation.

2. L'ABORD PSYCHANALYTIQUE DE LA CRISE FAMILIALE

La famille en tant qu'objet psychique appartient à un autre ordre de réalité que la représentation consciente que s'en donnent ses membres. L'étude de cet objet inconscient, créé et investi par le groupe, exige des outils conceptuels spécifiques. Notre théorisation s'appuiera sur trois notions acquises par le travail psychanalytique avec la famille :

– le fantasme de corps familial (Caillot et Decherf, 1989), prolongement narcissique du corps de ses membres analogue au corps maternel que le bébé fantasme comme le prolongement de son propre corps ;
– la notion de soi familial qu'Eiguer (1987) définit comme une formation narcissique soutenant l'identité familiale et le sentiment d'appartenance au groupe, en assurant la séparation entre le dedans et le dehors ;
– un appareil à penser commun que Ruffiot (1981) a appelé appareil psychique familial et qui tend, comme l'appareil psychique groupal décrit par Anzieu (1975), à l'unification régressive et fusionnelle des psychés individuelles de ses membres.

Alors que la crise se présente cliniquement comme un moment de rupture, l'analyse de ses mécanismes montre qu'elle est l'aboutissement de tout un processus. Bien avant la crise, le grand-âge et les atteintes du parent affectent le fonctionnement de l'appareil psychique familial et le corps imaginaire dans lequel il se projette, mais on ne peut en saisir encore que les défenses. La question se pose alors de savoir pourquoi la crise éclate. Nous allons tenter de répondre à cette question en prenant pour modèle la rupture dans la relation de dépendance.

Il est rare que la famille fasse appel à l'aide d'un tiers pour une dépendance d'installation récente et, lorsqu'elle se décide à réclamer une intervention extérieure, c'est habituellement lorsque apparaît un trouble nouveau dont la nature n'explique ni l'urgence de l'appel ni sa charge émotionnelle. La clé du déclenchement de la crise se trouve en revanche dans l'analyse des investissements mobilisés par la dépendance du parent.

Satisfaire les besoins du parent a une fonction positive et l'appel à un tiers est vécu comme l'échec d'une relation importante sur les plans narcissique et objectal. Le plaisir de soigner les parents renvoie directement au désir infantile, dans lequel Jones voyait la source du fantasme de renversement des générations. Mais il comporte aussi une dimension narcissique du même ordre que le plaisir apporté aux parents par le jeune enfant. Freud (1914) a montré qu'en dépit de sa fragilité et de sa dépendance extrême, ce dernier est investi par les parents comme *his majesty the baby*. On en trouve le pendant dans la manière dont notre société considère ses centenaires.

Ce que Freud écrit à propos des fantasmes de toute-puissance que les parents projettent sur leur enfant vaut aussi pour le surinvestissement du vieillard : « Le point le plus épineux du système narcissique, cette immortalité du moi que la réalité bat en brèche, a retrouvé un lieu sûr en se réfugiant chez l'enfant. L'amour des parents, si touchant et, au fond, si enfantin, n'est rien d'autre que leur narcissisme qui vient de renaître et qui, malgré sa métamorphose en amour d'objet, manifeste à ne pas s'y tromper son ancienne nature. »

On mesure ainsi quelle blessure narcissique représentera la prise de conscience des limites de la dépendance assumée par la famille. Il s'agit, comme nous l'avons indiqué, d'un processus complexe répondant à un déterminisme plus affectif que rationnel et en aucun cas objectif. À l'origine de toute crise et de tout placement s'opère un saut du quantitatif au qualitatif impliquant l'économie narcissique du groupe familial. Il est incontestable que nombre de décisions de placement sont une position de repli choisie comme la moins mauvaise solution pour sauvegarder l'image idéalisée du parent, de soi-même et du groupe tout entier. Interviennent ici non seulement le déplaisir l'emportant désormais sur le plaisir mais encore des représentations narcissiques inconscientes dont l'analyse de la fantasmatique familiale nous révélera le contenu. Une courte observation clinique illustrera auparavant ce qui précède.

Observation 5 : Antonia

Mme B. nous consulte dans la perspective du proche retour à domicile de sa mère Antonia, âgée de 86 ans, hospitalisée après avoir été retrouvée à quatre reprises la même journée errant dans son quartier. Cette dernière, nous explique-t-elle, vit dans la même cour que sa nièce et un de ses frères chez qui vient d'être diagnostiqué un cancer inopérable. Dernière de neuf enfants, Mme B. ajoute que sa sœur aînée a été emportée l'an passé en trois mois par un cancer généralisé et qu'un autre de ses frères est décédé dix ans plus tôt d'un infarctus.

Pour elle, sa mère est partie parce qu'il n'y avait plus personne pour s'occuper d'elle, du fait de la mobilisation de la famille autour de son frère hospitalisé. On ne lui a pas encore révélé la gravité de la maladie de son fils parce que la perte de sa fille aînée avait été pour elle un grand choc : « Je lui ai dit que ce n'était pas très grave. En fait, les médecins ont dit qu'il a trente pour cent de chance mais son moral est très bon et il s'accroche pour ses deux petits-enfants, qu'il veut voir grandir. »

C'est la première fois qu'Antonia connaît un épisode semblable mais elle montrait depuis quelques mois des pertes de mémoire proches de l'oubli à mesure. « Elle demandait aussi des nouvelles de mon frère décédé : Il y a longtemps que je ne l'ai pas vu, est-ce qu'il n'est pas mort ? Son plus cher désir serait de venir vivre avec nous mais je travaille, mon mari représentant part du lundi au vendredi et les enfants mangent à la cantine, alors je lui ai dit qu'elle serait vraiment toute seule. Elle a peur que je l'abandonne et je sens qu'elle a besoin d'une présence. »

« Maintenant il faut qu'on s'organise autrement parce que ma nièce et mon frère ne peuvent plus bien s'occuper d'elle. Jusqu'ici, c'était ma nièce qui lui faisait à manger et lui portait [et elle énumère ici tous les membres de la famille sur lesquels elle compte pour assurer une présence quasi continue auprès de sa mère]. On a pensé à une maison mais le psychiatre a dit qu'elle ne s'y ferait pas, qu'elle ne supporte pas la solitude et que c'est à la famille de s'organiser. Il m'a dit aussi qu'elle était un peu déprimée... »

« J'ai perdu mon père quand j'avais trois ans, le sang empoisonné par les produits chimiques. Ma mère avait 46 ans, elle a tenu le coup mais elle a beaucoup perdu avec lui. Elle en parlait souvent en disant que c'était le plus beau et le meilleur des hommes. »

Cette observation a d'abord la particularité de présenter une personne éprouvant le besoin de consulter un tiers au moment où la famille se dispose à affronter seule une nouvelle étape dans la dépendance de sa mère. À travers la découverte de la maladie du frère, redoublant à un an de distance un deuil traumatique lui-même en prise sur des deuils anciens, elle nous montre aussi que la décompensation psychique du parent ne peut être traitée isolément, comme un événement individuel, et qu'elle s'inscrit dans l'angoisse actuelle de tout le groupe familial.

Pour la mère de Mme B., cette découverte tire son effet traumatique d'un terrain personnel déjà fragilisé mais également de la perception de cette angoisse. À l'angoisse d'abandon éprouvée par la mère répond en effet un fantasme d'effondrement familial ici retourné en son contraire : l'entourage du frère malade saura lui apporter l'appui moral indispensable à sa guérison. La réponse qu'envisage aujourd'hui Mme B. à la dépendance nouvelle de sa mère, avec l'idée que toute la famille pourrait pareillement se réunir autour d'elle, procède du même mouvement régressif symbiotique. Elle en est cependant déjà au moins partiellement sortie puisqu'elle demande aujourd'hui l'appui d'un tiers extérieur à la famille.

3. Les fantasmes de régression symbiotique et de mort collective

Faire des modifications corporelles quelque chose de psychique, en formant un scénario mettant le moi en relation avec ses objets, tel est schématiquement l'enjeu de la fantasmatisation. Mais les transformations du parent activent aussi l'inter-fantasmatisation de l'appareil psychique groupal. Ces scénarios conscients ou inconscients, construits et partagés par le groupe, sont les rejetons d'une série de fantasmes originaires qui sont à la famille ce que les mythes sont au groupe social, parce qu'ils constituent à la fois la matrice de son imaginaire et de son intériorité. En effet, c'est dans ce miroir interne que se construit notamment le fantasme d'un corps familial, de ses origines et de son destin.

La structuration du corps familial fantasmatique

La représentation que l'inconscient familial se donne de son corps et des dangers qui le menacent est étroitement liée à la manière dont le groupe fantasme ses origines. C'est pourquoi il n'y a pas un corps familial mais des corps dont l'inconscient familial garde la trace, comme l'inconscient individuel conserve pendant toute l'existence la trace des théories sexuelles infantiles.

Le premier caractère d'un corps vivant est d'avoir une naissance, un développement et une mort. Or, dans son fonctionnement le plus archaïque, la famille ne se projette pas encore dans une histoire la renvoyant à la question de ses origines. Pour l'inconscient du groupe, sa formation et sa survie reposent alors sur un fantasme d'auto-engendrement et la représentation d'un corps commun immortel aux contenus indifférenciés et fusionnés. Tandis que reconnaître ses membres comme des individus possédant chacun une existence propre serait admettre du même coup leur mortalité.

À l'étape suivante, les contenus du corps familial se différencient en bons objets, qu'il doit conserver intacts, et en mauvais, qu'il doit rejeter parce qu'ils menacent les premiers. Ce corps autarcique qui dénie avoir besoin de l'extérieur tire son origine d'un ancêtre unique et puissant. Mais le groupe pourra aussi se vivre comme s'il avait été abandonné jadis par cet ancêtre et ne possédait plus qu'un corps commun vidé de ses bons contenus.

L'intégration de la différence des sexes marque un pas supplémentaire dans la construction du corps familial et dans la fantasmatisation de ses origines : la représentation d'un corps commun admettant des membres de sexes différents, entre lesquels circulent les fantasmes de séduction et de scène primitive, suppose que le groupe accepte d'être né de l'union d'un homme et d'une femme.

On distinguera donc les fantasmes qui organisent les relations interindividuelles au sein de la famille selon un imaginaire sexuel et œdipien et ceux qui figurent les liens de chacun de ses membres avec cet objet spécifique qu'est le groupe familial. Ces derniers soutiennent l'investissement d'un corps commun dont le vieillissement des parents peut mettre en danger l'unité et la survie. Quand ces fantasmes narcissiques passent au premier plan, ils s'accompagnent d'un mouvement régressif de désindividuation et de dédifférenciation suivant lequel tous n'auraient plus que des pensées et des intérêts communs et un unique destin. En clinique, les crises familiales vont se marquer par l'activation de deux fantasmes : celui de la disparition collective et celui de la régression symbiotique.

Le fantasme de mort collective

Ce fantasme prend la forme d'une inquiétude particulière s'exprimant par cette phrase maintes fois entendue : « Placez-le, sinon nous allons tous tomber aussi malades que lui ! » Nous lui assimilons la crainte tout aussi fréquente que le parent dément ne fasse sauter son immeuble. Le fantasme de mort collective est aussi à l'origine du secret que la famille voudrait nous imposer sur tel ou tel événement, parce qu'en parler devant le parent risquerait de lui être fatal. Mieux vaut se taire « pour ne pas lui faire du mal », alors que le danger focalisé sur le vieillard menace d'abord l'objet-famille. L'expérience montre que le contenu du secret concerne régulièrement la perte d'un membre de la famille (qui est parfois le conjoint du parent) ou la façon dont elle est survenue.

Ruffiot (1985) a décrit le fantasme de mort collective dans la famille du psychotique comme un souhait déniant la possibilité pour son membre malade d'accéder à la mort individuelle. Son émergence dans la famille du vieillard caractérise une défense d'un registre identique devant la représentation de la perte du parent : plutôt souhaiter l'anéantissement de tous que penser la séparation ou la mort d'un seul d'entre nous. C'est le versant négatif d'un mouvement régressif et narcissique d'idéalisation groupale se manifestant par le fantasme de former une famille que la puissance de ses liens protégerait de toute menace de démembrement.

Le fantasme de régression symbiotique

« Ce qu'il faudrait, nous disait le fils d'un patient âgé hospitalisé, c'est être comme les tribus de gitans qui gardent jusqu'au bout leurs vieux parents. » Derrière ce vœu se profile l'image idéale d'une famille symbiotique où ce qui est bon pour l'un est bon pour tous et où il ne peut y avoir quelque chose de bon pour l'un qui soit mauvais pour les autres. Dans le règne végétal, la symbiose désigne toutes les formes d'associations entre espèces, depuis l'union réciproquement profitable jusqu'au parasitisme qui profite à l'une sans nuire sensiblement à l'autre. Dans le fantasme symbiotique familial, chacun se vit réciproquement comme ayant besoin de l'autre pour vivre. Se séparer serait non seulement y laisser la vie mais provoquer l'anéantissement de tout le groupe.

Le désir de reconstituer l'illusion symbiotique s'accompagne ainsi d'un sentiment d'omnipotence : le parent attend tout de ses enfants et ces derniers pensent que, s'ils sont tous unis dans cet effort, ils peuvent effectivement faire quelque chose pour lui. « Sauvons notre famille et notre famille nous sauvera » : ce slogan lu il y a quelques années dans la brochure d'une campagne de prévention du cancer illustre bien la fonction défensive de cette illusion. Nous verrons comment les entretiens familiaux peuvent activer dans un premier temps ce processus d'illusion groupale, en y incluant le thérapeute.

Mais le mot et l'idée de symbiose (« vie en commun ») mettent aussi la crise en rapport avec la question des origines de la vie. Les fantasmes de désir qui s'expriment au sein de la famille ne se limitent pas en effet au pouvoir de maintenir le parent en vie. Face à la menace de mort ou de séparation individuelle, ils plongent aux origines de la famille qu'ils reconstruisent en ignorant ou en refusant qu'elle soit née de l'union d'un homme et d'une femme mortels. Dans l'inconscient familial, à la source de la crise, le fantasme d'auto-engendrement du groupe se retrouvera toujours à côté du thème de l'autodestruction.

Cliniquement, le fantasme de la symbiose idéale reste longtemps muet et il se révèle seulement au moment où les aidants familiaux rompent le silence sur leur souffrance, sous la pression de la réalité matérielle, des attaques du parent ou de leur épuisement narcissique. Mais n'est-ce pas alors le signe que, comme Mme B. (*cf.* observation n° 5), ils ont déjà commencé à en sortir ? Enfin, il n'est pas inutile de rappeler que si ce fantasme prévaut dans certaines familles structurées sur un mode psychotique, il se rencontre de manière générale dans toutes les familles confrontées à l'épreuve du grand-âge. Sa coexistence avec des relations d'objet œdipiennes met simplement en évidence que la famille est, pour chacun de ses membres, le lieu de l'intégration permanente d'identifications de niveaux différents.

4. L'ISSUE DE LA CRISE FAMILIALE

Il y a deux manières d'apprécier l'issue d'une crise : d'un point de vue extérieur, en fonction de la disparition des symptômes, de l'apaisement de la souffrance familiale et de la stabilité retrouvée ; et d'un point de vue intérieur, en appréciant le travail d'intégration de ce moment dans l'histoire du groupe. Ce dernier nous semble plus significatif que des critères tels que la poursuite du maintien à domicile ou l'entrée en institution. En effet, deux issues objectivement identiques pourront avoir d'une famille à l'autre un sens très différent, en particulier selon le travail de la séparation qu'elles auront ou non accompli.

Il ne suffit donc pas de constater que la famille a retrouvé sa stabilité. Encore faut-il se demander laquelle. La fin du roman *La Métamorphose* de Kafka est à cet égard exemplaire. La mort de Grégoire est comme le signal attendu par le reste de la famille pour achever sa guérison : les parents se découvrent des perspectives d'avenir somme toute réjouissantes et ils remarquent que leur fille Grete s'est transformée en une belle adolescente. Cette heureuse issue rappelle l'équilibre que retrouvent certaines familles de psychotique au prix de la mort psychique d'un de leurs membres.

L'issue de la crise dépend d'un ensemble de facteurs dynamiques et structuraux. Les facteurs dynamiques sont la nature et l'intensité de la souffrance, du conflit et des symptômes touchant plus ou moins à l'identité du groupe. Les facteurs structuraux tiennent à l'organisation de la famille, telle que nous l'avons esquissée dans ce chapitre à propos du fantasme de corps familial et que nous reprendrons en deuxième partie. Certaines de ces organisations sont plus exposées aux crises, par exemple les familles dépressives-anaclitiques supportant mal les séparations (*cf.* observation n° 4) ou les familles psychotiques chez qui elles activent des fantasmes de morcellement, d'éclatement ou de mort collective (*cf.* observation n° 7).

À l'instar des crises qui sont nécessaires à la maturation individuelle, la crise de la famille dont les parents entrent dans le grand-âge est un moment nécessaire pour que le groupe intègre tout ce que ce changement mobilise au niveau de son présent, de son avenir mais aussi de son passé. À condition de ne pas se réduire à une parenthèse qu'elle s'empressera d'oublier, la crise peut modifier et enrichir la représentation que la famille se donne d'elle-même et de son histoire. C'est de cette manière que Quinodoz (1994) conçoit le travail individuel du vieillir en l'illustrant par la métaphore suivante : « Deux analysants différents peuvent dire en parlant de leur passé : “maintenant la page est tournée”, mais pour l'un cela veut dire : “la page est arrachée, mise à la corbeille, n'en parlons plus ”, alors que pour l'autre cela signifie : “j’ai tourné la page, oui, mais après l’avoir lue” ; cela suppose que ce qu’il vient de lire va influencer sa lecture des pages suivantes, mais aussi que sa lecture des pages suivantes va modifier sa compréhension des premières pages du livre. »

Mais, comme le choix de cette métaphore nous invite à l’observer, ce travail intérieur suppose la mise en représentation des événements vécus par la famille. Que se produira-t-il lorsque la page sera blanche, autrement dit lorsqu’un événement ou une atteinte auront (ou auront eu) un tel effet traumatique que la famille ne pourra rien en lire ni en écrire ? Telle est la problématique de la famille du vieillard dément.

Chapitre 4

LE TRAUMATISME FAMILIAL DE LA DÉMENCE

Le syndrome démentiel est une altération progressive de l'ensemble des fonctions supérieures : mémoire, orientation dans le temps et l'espace, attention et jugement, langage, praxies (capacité d'accomplir des gestes et des actes) et gnosies (reconnaissance des objets, identification des parties du corps et des visages). Cette atteinte s'étend à l'ensemble de la vie psychique, accompagnée par des troubles du comportement, de l'affectivité et de la pensée marquant une régression ou une désorganisation du moi.

La maladie d'Alzheimer est une démence survenant après 40 ans et avant 65 ans, évoluant, schématiquement, en trois stades : celui des troubles de la mémoire, suivi d'une atteinte de toutes les fonctions cognitives (troubles phasiques, praxiques et gnosiques) et d'un stade terminal s'accompagnant de troubles neurologiques et d'une dépendance complète. Des manifestations psychiatriques (dépression, troubles du comportement, hallucinations et délire) peuvent survenir à chacune de ces étapes, ce qui souligne l'importance de la vie affective et relationnelle du dément et son effet certain sur l'évolution de la maladie.

L'accroissement du diagnostic de la maladie d'Alzheimer a considérablement modifié la conception et la classification des syndromes démentiels. Les neurologues ne les rangent plus comme autrefois en démences séniles et préséniles mais en maladie d'Alzheimer, démences séniles du type Alzheimer (DSTA) dont l'évolution et les lésions anatomiques sont identiques à celles de la maladie d'Alzheimer et ne s'en distinguent que par un âge de découverte plus tardif, et démences liées à une cause déterminée (maladie neurologique dégénérative, artériosclérose cérébrale, traumatisme physique, carence biologique ou agent infectieux).

En revanche, ce que la famille nomme maladie d'Alzheimer ou démence ne répond pas aux critères de la neurologie mais à des expériences affectives et à des représentations d'un autre ordre, si bien que l'abord familial du symptôme démentiel renouvelle nécessairement sa définition. Dans une enquête sur les premiers troubles perçus par la famille (Ritchie et coll., 1992) les auteurs constatent que « contrairement à ce qui est généralement admis, parmi les symptômes inauguraux rapportés, ce ne sont pas les troubles de la fonction mnésique qui sont prédominants mais les changements du comportement et les modifications de la personnalité ».

C'est la raison pour laquelle, malgré la pluralité des causes et des définitions qu'en donne la neurologie, nous parlerons ici de la démence au singulier, en référence à l'unité de la clinique et de la compréhension psychologique des relations de ces patients avec leur famille. Nous définirons le symptôme démentiel comme une réalité à la fois étrangère et inquiétante (au sens de l'allemand *Unheimlich* dont l'une des traductions est « ne faisant pas ou plus partie de la maison ») qui acquiert une valeur traumatique au moment où la famille n'est plus capable de l'inscrire dans son histoire. Nous devrons alors chercher comment et pourquoi l'atteinte intellectuelle et psychique du parent en vient à menacer tout le groupe dans une crise où il nous est demandé de « sauver la peau de la famille ».

Cette conception est loin d'avoir un intérêt purement théorique. Dans la perspective opératoire où se placent volontiers la famille et les acteurs médico-sociaux, il n'est souvent question que de la mesure qui résoudrait au plus vite les difficultés actuelles. Or ce n'est pas le diagnostic médical qui donnera son sens à un maintien à domicile, à une hospitalisation ou à une entrée en long séjour, mais l'état de l'organisation et du fonctionnement du groupe familial, et, en premier lieu, de ses investissements. Par exemple, selon le cas, un placement pourra apaiser des tensions devenues de part et d'autre insupportables ; priver l'entourage des bénéfices narcissiques et objectaux d'un maintien à domicile, du sentiment d'être indispensable à la survie du parent ou de pouvoir simplement y contribuer ; favoriser le contre-investissement du parent idéal clivé du parent réel malade... D'où la fréquente décompensation du conjoint ou de l'enfant-tuteur privilégié dans les semaines suivant le début de la prise en charge du parent par un tiers, et qu'une analyse des relations familiales aurait pu éviter.

1. Clinique de la prise en charge familiale du parent dément

D'après une estimation de la Fondation nationale de gérontologie, à 65 ans 1 personne sur 20 présente des signes d'atteinte démentielle et à 80 ans 1 sur 5. La majorité des patients déments vivent à domicile (dans une proportion variant d'une région à l'autre de 65 à 88 %) et dans 50 % des cas leur prise en charge parfois très lourde est supportée par la seule famille, sans aucune aide de professionnels (chiffres cités par Feteanu, 1991). Les Américains évaluent à 6 millions le nombre de personnes concernées par le *family burden* du maintien à domicile d'un parent dément.

Cette expression, qui signifie littéralement fardeau, souci, inquiétude, peut aussi se traduire par charge familiale, terme plus neutre puisqu'il désigne aussi les soins. De nombreuses publications nord-américaines, issues d'entretiens ou de questionnaires éventuellement téléphoniques auprès de familles vivant quotidiennement avec le parent, distinguent la charge objective (les conditions matérielles de la cohabitation) et la charge subjective (le retentissement physique et psychologique attribué à cette vie quotidienne). Remarquons que cette clinique centrée sur les interactions concrètes et leurs effets conscients individuels ne prend en compte qu'un aspect d'une réalité psychique beaucoup plus étendue et ignore la dimension inconsciente groupale qui nous paraît déterminante dans la genèse et la compréhension de la crise.

Tous ces travaux décrivent le même ensemble de réactions ou de troubles chez le *caregiver*, c'est-à-dire le membre de la famille qui vit avec le parent dément ou passe le plus de temps avec lui : stress, surmenage et altération de la santé physique ; déni de la maladie du parent ou des problèmes qu'elle pose ; anxiété, irritation et réactions de catastrophe (colère ou geste violent devant la résistance aux soins vécue comme une mise en échec intentionnelle de la part du parent) ; culpabilité, dépression et rejet. Certains auteurs admettent aussi que la symptomatologie psychiatrique du parent (réactions paranoïdes, troubles du comportement, confusion, dépression) puisse découler de sa conscience de la détresse de son entourage. Mais tous, sans exception, constatent que la charge subjective ressentie par le *caregiver* n'est pas corrélée avec le degré de gravité de la démence du parent.

Pour Teusink et Mahler (1984), les réactions de la famille à la maladie suivent cinq étapes analogues à celles décrites par Kübler-Ross (1969) chez les patients incurables (la dénégation, l'irritation, le marchandage, la dépression et l'acceptation) et dont chacune peut devenir pathologique si elle n'est pas franchie.

1. *Le déni des troubles* : la famille remarque les pertes de mémoire du parent mais les banalise en les mettant sur le compte de l'âge. À l'extrême, elle dénie des troubles du comportement et des déficits cognitifs majeurs au point d'empêcher toute évaluation, décision et prise en charge.

2. *La surimplication* : quand l'atteinte du parent leur devient évidente, les membres de la famille s'efforcent de la compenser sur un mode adapté ou exagéré, en sacrifiant leur vie personnelle. Il y a surimplication lorsque la famille ne s'autorise pas à demander l'aide du médecin ou du service social.

3. *La colère* : celle-ci n'est pas seulement une réaction à l'alourdissement de la charge du parent dément et à l'aggravation de ses symptômes, mais aussi au sentiment d'avoir été abandonné par le parent. Cette colère se transfère fréquemment sur les professionnels qui essaient d'aider la famille, entraînant des plaintes ou des interruptions de traitement et des situations contre-transférentielles difficiles.

4. *La culpabilité* : il est normal qu'elle succède à la colère et au souhait de la mort du parent, mais il arrive aussi qu'un membre de la famille se reproche d'avoir contribué à sa maladie par des négligences ou une hostilité anciennes. La famille devra alors être aidée pour prendre des décisions difficiles mais nécessaires.

5. *L'acceptation* : elle « survient seulement après que l'entourage ait compris la maladie qui touche l'être aimé, trouvé des ressources suffisantes en lui-même et dans la communauté pour faire face à la charge croissante des soins du patient, élaboré sa colère et sa culpabilité, et accepté que l'être aimé ne soit plus la personne qu'il a jadis connue ».

D'autres auteurs nord-américains ont tenté de donner une vue dynamique des relations de la famille avec son parent dément, en distinguant trois étapes successivement intrapersonnelle, interpersonnelle et d'intervention professionnelle ; en étudiant les conditions dans lesquelles le soutien familial devient pathologique ; ou en enquêtant sur les motifs de l'entrée en institution du parent. Tous ces travaux retiennent que la qualité des relations familiales avant la maladie est le facteur déterminant. Les auteurs ont cependant plusieurs manières d'aborder ce constat :

– en termes sociologiques, en analysant tout ce qui matérialise les liens des enfants avec les parents (rythme des courriers et des appels téléphoniques, fréquence et durée des visites, etc.) ;
– en termes d'interactions systémiques (un patriarcat ou un matriarcat installés de longue date rendront difficile le renversement des rôles et de la dépendance) ;
– sous l'angle des conduites, en observant par exemple que les enfants seront plus abandonniques vis-à-vis des parents s'ils ont été autrefois maltraités par eux. Dans la perspective qui est la nôtre, il conviendrait d'élargir ces facteurs aux carences affectives, aux séparations et aux deuils précoces qui peuvent éventuellement s'être répétés d'une génération à l'autre.

2. ÉTUDE PSYCHANALYTIQUE DU TRAUMATISME FAMILIAL

Un événement tire son caractère traumatique de sa nature et de la manière dont il survient dans une histoire donnée. L'effet traumatique de la démence se définit par la difficulté ou l'impossibilité pour la famille de l'inscrire dans son histoire, se trouvant prise entre l'actualité de la maladie, les traumatismes passés qu'elle réactive et la pensée de la mort à venir du parent.

L'effet désorganisateur et traumatique du syndrome démentiel se joue aux deux niveaux complémentaires de l'économie et de la topique familiale. Le premier concerne l'énergie mobilisée et bientôt immobilisée par les symptômes du parent, l'appauvrissement corrélatif des investissements extrafamiliaux et le surinvestissement dont la famille devient l'objet, d'abord en appui puis en opposition avec l'investissement du parent. Chacun se trouve en effet gagné par une inquiétude pour le devenir du groupe, comme si l'atteinte du parent menaçait l'identité et la continuité de la famille tout entière.

Le point de vue topique concerne les effets du syndrome démentiel sur la structure et les enveloppes du corps familial. Il explore des lieux et des frontières psychiques qui ne se superposent pas avec l'espace réel dans lequel se joue le placement du parent, son éloignement physique n'étant pas toujours synonyme d'un travail psychique de la séparation. Par des chemins différents, ces deux points de vue nous permettront de montrer comment la question de la mort individuelle et de la conservation du groupe se pose pour le dément et sa famille.

Les implications économiques du symptôme démentiel

Pour l'entourage du dément, les étapes de la maladie sont autant de contraintes et de privations supplémentaires auxquelles s'ajoute l'excitation entretenue par le comportement du parent et les appels des voisins, si bien que, quand la famille consultera, ce sera d'abord en termes d'énergie investie et d'excitation déplaisante qu'elle exprimera sa souffrance.

Nous avons toutefois relevé l'écart qui sépare habituellement l'installation des troubles et le moment où la famille demande l'intervention d'un tiers. C'est qu'en contrepartie des investissements objectaux qu'elle abandonne pour concentrer toute son énergie sur le parent, elle commence par retirer de ce repli une prime narcissique considérable. La surestimation de sa capacité d'assumer seule les soins du parent abaisse son sens critique et fausse parfois sa perception de la réalité : ni la vie privée ni les vacances ne comptent plus et les enfants sont insensibles aux objections des conjoints comme des soignants.

La position du symptôme démentiel dans l'économie familiale peut donc se définir en première lecture selon le principe de plaisir qui repose sur l'extinction ou la réduction de l'excitation désagréable. Ce principe paraît aussi s'appliquer à l'investissement masochiste qui accompagne parfois la position de « tuteur privilégié » du parent. L'entrée en crise manifesterait alors l'incapacité de la famille à conserver plus longtemps l'autonomie de la régulation du plaisir, indispensable à l'auto-érotisme du groupe, et à décharger ses tensions internes désagréables.

Mais au moins deux données cliniques échappent à cette conception. La première est qu'au stade des troubles du comportement, la famille est souvent incapable de répondre au parent autrement que sur le même registre, en s'efforçant à son tour de maîtriser ses symptômes par des agirs. La seconde est la répétition de ce cycle d'agirs et de contre-agirs et la difficulté de le désamorcer, même lorsque l'hospitalisation sépare le parent de son entourage habituel. Cette difficulté est particulièrement nette chez le conjoint du dément qui supporte mal de se voir privé des interactions dont il était pourtant venu se plaindre, et qui n'aura de cesse de les reproduire jusqu'au sein de l'hôpital.

L'investissement très important de ces mesures et de ces gestes (fermeture des portes, mise à l'abri des clés et du porte-monnaie, habillage et déshabillage, change des couches-culottes...) ne peut s'expliquer seulement par une dynamique identificatoire faisant du dément un enfant et du conjoint un parent aussi puissant qu'ambivalent, ni par l'érotisation des soins corporels qui est loin d'être propre à la relation avec le dément. Cette répétition des symptômes comportementaux du parent et des contre-agirs de l'entourage caractérise une économie indépendante du principe de plaisir.

Cette forme particulière de maîtrise de l'excitation s'explique d'abord par la nature des symptômes en question. Si les troubles du comportement sont toujours au premier plan de la crise et de la demande familiale, c'est parce qu'ils ont un caractère spécifiquement traumatique. Les troubles mnésiques du parent permettent encore à la famille de les inscrire dans un sens : celui d'un passé commun que les enfants investissent, à défaut de le vivre comme lui au présent, et dont le rappel amorce en eux des chaînes associatives. On dira encore que, s'il perd la mémoire, c'est de manière sélective, « exprès pour oublier les mauvais souvenirs ». Par opposition à ces troubles qui ne sont que tardivement reconnus comme symptômes, il en est d'autres auxquels la famille ne peut donner sens : l'agitation nocturne, les fugues, les idées de préjudice ou de persécution et les gestes violents. Ce sont aussi ces symptômes qui feront le plus paraître le dément *Unheimlich*.

« On ne le reconnaît plus, on ne le comprend plus, on ne sait plus quoi faire... » On souffre surtout de ne plus pouvoir penser. L'impossibilité de mettre en représentations et en paroles l'excitation et l'angoisse qu'entretiennent ces comportements répond à la définition psychanalytique du traumatisme. Elle est encore aggravée par les atteintes symboliques et verbales touchant à ce stade le parent. Or seule la mise en représentations pourrait alors permettre à la famille d'échapper à l'emprise de la répétition et d'inscrire cette expérience dans son histoire.

En décrivant la compulsion de répétition dans la névrose traumatique et dans la cure, Freud (1920) lui donne pour origine des contenus psychiques irreprésentables et pour moteur des pulsions conservatrices dirigées vers le rétablissement d'un état antérieur. Considérant le but de ces pulsions particulières, il les nommera pulsions de mort. Les mesures de surveillance répétitives et contraignantes dont le dément devient l'objet comportent toujours à l'arrière-plan des pensées de catastrophe. Quand elles sont mises en images, c'est dans le fantasme du parent faisant exploser son immeuble (ou sa famille ?) en laissant le gaz ouvert. Or cette crainte revient d'une famille à l'autre de manière trop stéréotypée pour qu'elle désigne le danger véritablement actif. Ce dernier est de l'ordre de la réalité interne et la famille se concentrera d'autant plus sur les mesures de protection extérieures que cette menace interne restera irreprésentable.

Au moment de la crise, on constate en effet que la famille ne peut plus ni continuer de vivre ainsi avec son parent malade, ni se représenter ce dernier vivant séparé d'elle : elle est certaine qu'il ne survivra pas longtemps à l'hospitalisation, soit parce qu'il s'y laissera mourir, soit parce que son nouvel environnement ne saura pas lui apporter les soins et la sécurité nécessaires. « Ça serait bien s'il pouvait rester comme il est maintenant », nous disent ces familles incapables de mettre des mots ou des images sur ce pire qui les angoisse tant. Un des effets traumatiques de la démence est aussi cette impossibilité pour la famille de penser le maintien à domicile ou la séparation autrement que comme l'anéantissement de l'un et/ou de l'autre, plutôt que sur le mode de l'absence ou de la perte.

Topiques familiales et symptôme démentiel

Le point de vue topique saisit les phénomènes psychiques à travers une représentation spatiale comportant au moins deux niveaux : celui des enveloppes créant l'intériorité nécessaire à la constitution du moi individuel et au sentiment d'appartenance au groupe familial ; celui de l'organisation interne de cet espace, en y différenciant des systèmes ou des instances conçues comme des lieux. C'est ainsi que Freud a successivement construit deux topiques pour rendre compte de la manière dont l'appareil psychique individuel traite l'excitation : les trois systèmes perception-conscience, préconscient et inconscient puis les trois instances du ça, du moi et du surmoi.

Le modèle topique n'est pas seulement descriptif : il vise des espaces qui ne sont pas donnés une fois pour toutes mais qui sont susceptibles, selon la qualité de leur construction ou la nature des excitations qu'ils reçoivent, de se restructurer comme de s'effondrer. C'est de ce point de vue d'une topique familiale non pas statique mais vivante qu'il convient de se placer pour analyser l'effet traumatique du symptôme démentiel.

Lorsque les enfants parlent des changements du comportement et de la personnalité de leur parent, allant jusqu'à refuser d'identifier le dément à l'être qu'ils ont connu et aimé, ils observent fréquemment qu'il est devenu pour eux un étranger. Est-il encore de la famille (*Heimlich*, c'est-à-dire de la maison, familier) ce parent qui ne les reconnaît plus ou qui les attaque ? En outre, le désir de retourner dans la maison des aïeux et le fait que les enfants reçoivent le nom d'un disparu qu'ils n'ont parfois même pas connu bouleversent les limites réelles et symboliques du groupe. Mais, par les séparations qu'il agit (fugues, violences, non-reconnaissances) ou les contre-attitudes de rejet qu'il induit, le symptôme démentiel menace aussi l'enveloppe du corps imaginaire dans lequel la famille se représente comme une unité de personnes et de psychés. Nous verrons au chapitre suivant comment cette atteinte retentit sur les fonctions de rétention et d'expulsion de ce corps commun fantasmatique dont la construction est appelée à se poursuivre tout au long de l'histoire familiale, de naissances en séparations et en deuils.

Dans sa 31e Conférence d'introduction à la psychanalyse, Freud (1933) écrit que le symptôme est « la chose la plus étrangère au moi qui se trouve dans le psychisme. Le symptôme provient du refoulé, il en est, en quelque sorte, le représentant devant le moi ; le refoulé est toutefois pour le moi une terre étrangère, une terre étrangère interne, tout comme la réalité est – permettez-moi cette expression inhabituelle – une terre étrangère externe ». Cette formulation soulève une question : le symptôme démentiel est-il seulement le représentant de cette terre étrangère interne, c'est-à-dire inconsciente, non reconnue comme soi par le soi familial conscient ? Ou son effet traumatique marque-t-il au contraire l'insuffisance des mécanismes organisateurs de l'inconscient familial et, en premier lieu, du refoulement ?

Le rapprochement de l'angoisse suscitée par le symptôme démentiel avec l'inquiétante étrangeté (*Das Unheimliche*) doit donc dépasser l'analogie descriptive pour interroger la structure et le fonctionnement de la topique familiale. On sait que, pour Freud (1919), l'inquiétante étrangeté naît de ce que quelque chose qui aurait dû demeurer caché reparaît et qu'il place à l'origine de ce sentiment la projection hors du moi d'un contenu psychique désormais conçu comme étranger à soi. Cette opposition entre le moi conscient et le moi-non moi (représenté ici par les contenus refoulés ou projetés) peut s'étendre au soi familial dont la construction en même temps que l'unité imaginaire reposeraient sur la méconnaissance ou le rejet par chacun de ses membres d'une partie de leur moi qui leur serait pourtant commune.

Freud écrit que « Ce qui paraît au plus haut point étrangement inquiétant à beaucoup de personnes est ce qui se rattache à la mort, aux cadavres et au retour des morts, aux esprits et aux fantômes. [...] Il est peu de domaines où notre manière de penser et de sentir se soit si peu transformée depuis l'aube des temps, où l'ancien se soit si bien conservé sous une mince pellicule, que celui de notre relation à la mort ».

Dans la séparation agie ou induite par le symptôme démentiel entre aussi un rejet touchant à la mort. L'excitation qu'il provoque de part et d'autre, dans un registre parfois proche de la défense maniaque, paraît en effet avoir pour fonction de lutter contre une angoisse de vide et d'abandon. Il arrive d'ailleurs souvent de constater que la décompensation symptomatique du parent succède à une séparation ou à un deuil touchant une autre génération, ou encore que l'entourage se refuse à lui révéler le décès d'un proche, parfois même de son conjoint, de crainte que cette nouvelle n'aggrave son état. Tout aussi remarquable est le nombre de familles qui lors de la première consultation (c'est-à-dire au moment où elles se décident en fait à sortir de leur crise interne) nous apportent, en même temps que le problème de leur parent, la souffrance narcissique encore actuelle d'un deuil ancien non résolu : enfant perdu ou disparu, décès considéré comme suspect ou attribué à une faute médicale, brouille tenant depuis des années un parent séparé du reste de la famille...

L'idée que la maladie démentielle véhicule quelque chose de l'ordre de la mort n'est pas nouvelle. Mais la représentation de la mort ne fait-elle pas *a priori* pareillement retour dans la famille de tout vieillard atteint d'une affection incurable ? Ce qui nous semble déterminant n'est donc pas ce contenu proprement dit mais la manière dont il fait retour dans la psyché familiale et les moyens qu'a cette dernière de le traiter, c'est-à-dire en définitive de l'intégrer dans son histoire. Le caractère traumatique particulier de la pathologie démentielle répond à une double détermination, l'effet propre au symptôme étant indissociable de la qualité de l'organisation topique familiale. Or lorsque surviennent les troubles comportementaux qui vont provoquer la crise, la topique familiale se trouve depuis déjà longtemps fragilisée par les atteintes symboliques du parent.

Pour la famille, ce n'est pas seulement le symptôme démentiel qui est en soi traumatique mais l'impossibilité où elle se trouve de mettre en représentation les contenus qui font avec lui irruption ou retour dans son espace interne. La famille a ici rendez-vous avec ses objets perdus. Mais son ébranlement topique est tel qu'elle ne peut faire circuler leur représentation sans risquer une désorganisation encore plus grande. Ainsi à la représentation de la mort individuelle du parent se substituera le fantasme d'anéantissement de la famille tout entière. Et, à l'issue de la crise, la séparation réelle portera au-dehors, sur la « terre étrangère externe », le processus de séparation interne qui n'aura pu s'accomplir dans la topique.

L'examen d'un symptôme particulier posera de manière plus précise la question de la représentation de la perte chez le dément et, par contrecoup, dans l'appareil psychique familial. Mais tirons d'abord la première conséquence pratique de cette analyse. En se plaçant du même point de vue topique, Le Gouès (1990) écrit que l'exhibition des fantasmes personnels du dément ne bouscule pas seulement la censure mais des frontières psychiques : « Finalement, les enfants qui accompagnent leur parent malade se plaignent moins d'un excès verbal ou d'un écart de conduite que de la souffrance infligée par la perte d'un espace privé [...]. Devant une telle situation, il ne peut être question de soigner la famille. Au besoin, on l'oriente vers un autre thérapeute afin de garder l'esprit libre pour juger de sa capacité à faire alliance avec nous. »

Ce point de vue, par ailleurs tout à fait défendable, ne nous semble pas s'adapter au cas particulier de la crise familiale. On ne peut alors, comme le propose Le Gouès, « travailler dans un premier temps à restaurer l'espace psychique de chacun » sans s'être au préalable assuré de l'état de l'espace psychique de la famille, mis lui aussi à mal par les troubles du parent (*cf.* l'observation 7). Dans la crise, le rétablissement du narcissisme individuel passe d'abord par celui des assises narcissiques et topiques de la famille.

Observation 6 : Lise

Lise, âgée de 86 ans, est hospitalisée à la demande de sa famille pour des troubles de la mémoire et du comportement. Son mari est décédé d'un infarctus à 54 ans et son fils aîné est mort l'an passé de la même manière à 56 ans. Quand ses enfants évoquent la dépression dont elle souffre depuis plusieurs mois, mêlant à ses attaques physiques et verbales des auto-accusations et un questionnement anxieux sur son avenir, elle s'écrie : « Il ne faut pas parler de ça ! » Et elle nous invite à manger plutôt tous ensemble des biscuits...

La famille accepte de recevoir Lise les week-ends, et un de ses fils nous apprend au retour d'une permission que sa mère l'a griffé. « Puis, dans la soirée, elle a eu comme un voile qui se levait et elle m'a demandé de lui pardonner, car elle ne savait pas où elle était. » Elle a aussi voulu que l'on fasse dire une messe parce qu'elle avait recouvré ses esprits. « Ce n'est pas de sa faute, c'est parce qu'elle oublie les choses qu'elle n'est pas raisonnable. Mais ça fait mal là » ajoute-t-il en se frappant la poitrine. Si l'on tente de faire un lien entre le décès de son frère et la dépression de sa mère (perdre et retrouver ses esprits mais aussi l'objet aimé), il répond aussitôt : « On était six, il n'y a jamais eu aucun divorce ni aucun problème entre nous. Mais aujourd'hui, à l'entendre, toute la famille est contre elle. »

Dans la suite des entretiens familiaux, Lise se montre tantôt repliée dans une attitude opposante, silencieuse et les yeux clos, tantôt violemment hostile : « Partez, je vous ai assez vus! Vous m'emmerdez ! Je leur cracherais à la figure ! » Elle m'attaque aussi par la moquerie, les injures ou les coups de pied, et sa violence n'épargne pas les infirmières devant lesquelles elle va jusqu'à déféquer en salle de soins. « Je dois mourir mais je vois bien que ça les rend malades. Crachez-moi à la figure », dit-elle un jour à la psychologue, comme si elle devait se punir elle-même d'avoir rompu l'illusion familiale en désignant tour à tour chacun de ses fils comme son persécuteur, alors qu'au décès du père ils s'étaient tous entendus pour l'héberger à tour de rôle.

Une des belles-filles de Lise va demander à son médecin de lui confirmer qu'elle n'ira jamais mieux et qu'on ne peut plus rien pour elle. Lise sort cependant un temps de sa régression lorsque sa famille prend, au bout de trois mois, la décision de la faire entrer en maison de retraite. Elle manifeste aussitôt son refus : « Je ne veux pas y aller, je ne suis pas malade, vous auriez dû m'y envoyer avant. » Mais elle observe aussi que ses fils peuvent payer et qu'il faut « régler les comptes ».

Par la suite, nous aurons un dernier entretien familial à l'occasion d'une brève réhospitalisation de Lise en raison d'un nouvel épisode d'agitation. Les enfants la décrivent ne les reconnaissant plus et leur demandant parfois « ce que maman va dire si elle ne rentre pas ». Devant nous, Lise leur répond qu'ils ne savent pas ce que c'est que de perdre la mémoire. Mais, pour eux, « c'est mieux ainsi, c'est exprès pour les souvenirs pénibles ».

Dans cette observation, à travers les symptômes fait retour quelque chose qui menace la topique familiale et concerne la mort. La relation de Lise avec ses enfants a tous les caractères d'une relation d'objet partiel, clivée et persécutoire, qui apparaît clairement comme une défense contre un deuil impossible. Ce contenu se porte au niveau de la réalité matérielle, par la mise à distance physique qu'induisent les symptômes, en même temps que ces derniers empêchent toute reprise élaborative des deuils passés et de la séparation présente.

Ces symptômes n'en ont pas moins une valeur réorganisatrice et défensive pour la topique familiale en danger, car deux mécanismes limitent ici leur effet traumatique. D'une part, en se portant directement sur l'objet-famille, les symptômes le restructurent du même coup selon une conflictualité opposant les bons et les mauvais fils. D'autre part, comme elle l'avait déjà vraisemblablement fait lors des deuils qui ont précédé la maladie de Lise, la topique familiale conserve la possibilité de rejeter certains contenus dans sa « terre étrangère interne », à l'image de sa poitrine que son fils se frappe en silence.

Sous couvert de ces deux mécanismes de défense, la famille peut prendre une décision de séparation, c'est-à-dire réorganiser ses espaces et ses enveloppes, et Lise tenter de se placer en personne désormais séparée de la famille. Mais c'est pour l'une et l'autre au prix d'une souffrance narcissique à la mesure d'un idéal commun qui n'a pu intégrer les deuils passés.

Observation 7 : Mathilde

La manière dont Mathilde et ses deux sœurs aînées se présentent à la consultation révèle d'emblée l'étayage réciproque de ces trois célibataires vivant encore dans ce qui fut autrefois l'épicerie familiale. Cette famille immigrée, dont les parents italiens sont décédés depuis une vingtaine d'années, compte aussi un frère reparti se marier au pays et une sœur mariée qui vit dans la région. Une cinquième sœur, plus âgée, également célibataire, a vécu avec les trois autres jusqu'à sa mort, qui remonte à quatre ans.

Marthe et Laure demandent si nous pouvons recevoir Mathilde une fois par semaine à l'hôpital de jour parce qu'elle devient trop pénible : malgré leur surveillante constante, Marthe dormant dans le même lit pour l'empêcher de se lever la nuit, Mathilde déménage la maison, en casse les uns après les autres tous les objets, et ses fugues la conduisent régulièrement dans les services d'urgences. Il leur faut la laver, l'habiller mais aussi la forcer à manger : « Elle fait des caprices, on la corrige. C'est l'enfer. » Cette expression, qui reviendra souvent, ne traduit pas seulement l'excitation provoquée par Mathilde. Elle sous-entend un imaginaire violent que nous serons nombreux à partager, en observant le comportement de Marthe et de Laure avec leur sœur, et que l'équipe infirmière connaîtra à son tour à l'hôpital de jour. Mais, pour l'heure, étroitement encadrée par ses deux sœurs, Mathilde se borne à déclarer : « J'ai rien à dire, je parle pas bien. »

Pour ses sœurs, les troubles ont débuté il y a deux ans, au décès de leur sœur aînée que Mathilde a beaucoup pleurée. Mais c'est dans le cholestérol et l'excès de chocolat qu'elles voient l'origine de sa maladie, en insistant sur sa boulimie. Mathilde présente des troubles phasiques, praxiques et gnosiques qui vont, comme ses troubles du comportement, s'aggraver rapidement. Une prise en charge individuelle est mise en place à l'hôpital de jour tandis que nous proposons aux trois sœurs des entretiens réguliers dans un cadre séparé. Il faudra plusieurs mois pour que Marthe et Laure acceptent une aide à domicile, durant une brève période et en continuant d'intervenir dans les toilettes pourtant assurées par une infirmière.

Quand l'équipe de l'hôpital de jour commence à parler des limites de cette prise en charge, les sœurs de Mathilde montrent beaucoup de réticence à visiter un établissement. Elles en reviennent en nous disant que « c'est l'envoyer chez le diable », enchaînant avec l'oralité de plus en plus destructrice de Mathilde : « Des fois on voudrait la tuer ! » Mathilde, qui ne s'exprime plus que par monosyllabes, réagissait jusque-là à l'angoisse de ses sœurs en se rapprochant de l'une ou l'autre. Au fur et à mesure que se concrétise la décision de l'équipe, avec le projet d'un premier temps d'hospitalisation complète, et que nous essayons de notre côté de travailler cette séparation, Mathilde prend l'habitude de s'endormir paisiblement pendant les entretiens, puis de nous quitter dès leur début.

Pendant l'hospitalisation de Mathilde, nous proposons à nouveau à ses sœurs un nombre limité d'entretiens pour leur permettre de parler de cette séparation et de préparer la nôtre. D'emblée, Marthe pense que Mathilde n'est pas en sécurité et qu'elles auraient mieux fait de la reprendre avec elles. Elle en fait d'ailleurs le projet, persuadée que sa sœur ne partira jamais dans un établissement de long séjour. Elle perçoit l'aggravation de l'état de Mathilde mais continue de penser « qu'elle ne réalise pas. C'est une maladie qui ne fait pas souffrir ». Mais, tandis que Marthe oppose la vie à l'hôpital et la vie à la maison, dans la répétition et sur le mode du « on », Laure, qui rappelait de temps en temps à Mathilde « tu nous en as fait voir », pense « qu'elle doit bien avoir des moments de cafard » et elle-même nous paraît triste. Comme l'évolution de l'état de Mathilde nous le faisait craindre, le processus de séparation tournera court, car elle décédera durant le second mois de son hospitalisation. Ses deux sœurs n'ont pas souhaité nous revoir.

Cette observation nous rappelle d'abord qu'au premier plan des excitations que la topique familiale a pour fonction de traiter se place la pulsion. Vécue comme doublement destructrice pour elle-même et pour le groupe, l'oralité de Mathilde fait du paradis fusionnel perdu un enfer. Pour parer à la menace que cette régression orale fait peser sur leurs liens narcissiques, ses sœurs tentent de la contrôler au niveau anal, non par l'expulsion mais par la rétention, dans leur maîtrise de Mathilde comme dans leur agressivité à peine rentrée.

Avec ses symptômes et les contre-attitudes qu'ils induisent, la clinique de la crise reflète la menace que la pulsion fait peser sur la topique familiale. Ici, aux affects et aux représentations qui sont les deux composantes de la pulsion se substituent des agirs et des contre-agirs : Mathilde met littéralement en pièces un intérieur familial qui ne peut s'ouvrir qu'en s'effondrant et ses sœurs sont incapables de contenir cette véritable hémorragie narcissique. Leur image de l'enfer du dedans et du diable du dehors exprime cette déchirure de l'enveloppe familiale et l'impossibilité où elles sont, comme dans l'observation précédente, de la réparer en séparant une bonne terre interne d'un mauvais monde externe.

Enfin, les deuils font là encore retour à travers la patiente et ses symptômes: ses sœurs nous disent que Mathilde s'empare sans cesse de la photo des parents (qui finira par se déchirer un jour qu'elles tentent de la lui reprendre), qu'elle cherche Annie, leur sœur aînée disparue, et qu'elle parle souvent de leur frère parti vivre en Italie. « Ça aurait pu se soigner ça ? » nous demande Marthe en rappelant que Mathilde a fait « une grosse dépression » à la mort d'Annie et qu'elle en fut des trois la plus affectée. Si la maladie de Mathilde paraît réactiver la question du deuil, ce n'est pas sur le mode d'un processus mais comme la répétition quasi automatique d'un irreprésentable. Dans ces conditions, la séparation ne peut être vécue que comme une amputation traumatique du corps familial.

3. LA SURVIE DES PARENTS DU PARENT

À un stade avancé des troubles psychiques démentiels, la non-reconnaissance des enfants ou du conjoint s'accompagne de la survie des aïeux et de leur identification éventuelle dans l'entourage familial ou soignant. Ce phénomène déborde une simple agnosie visuelle, car il peut survenir en dehors d'une situation de reconnaissance de visages : tel patient explique ses fugues en disant qu'il veut rentrer chez ses parents et qu'ils vont s'inquiéter de son absence ; tel autre nous assure qu'ils sont âgés et qu'il doit veiller sur eux.

Outre sa variation dans le temps qui ne lui donne ni la construction ni la conviction du délire, ce phénomène se caractérise par sa tonalité affective elle aussi changeante : d'une situation à l'autre, le même patient peut s'alarmer du sort de ses parents comme il peut nous parler d'eux sur un ton neutre et dépourvu d'angoisse. Cette modulation affective est un signe clinique important de la capacité d'éprouver le sentiment de dépendance et l'angoisse de la perte de l'objet aimé, donc de l'état du moi et de ses objets internes. Comme le nouveau-né, le dément peut alors connaître la plus grande des dépendances et ne pas en être conscient.

Il paraît difficile d'analyser ce phénomène et les affects qui l'accompagnent sans tenir compte d'au moins deux aspects de l'environnement actuel du patient : la continuité ou la discontinuité de sa présence matérielle et sa propre capacité à ressentir et à accepter la dépendance du parent. Quand ils sont face au parent appelant anxieusement ses propres parents, les enfants souffrent de n'être pas ces parents qu'ils n'ont parfois pas connus et dont toute la famille partage la même douloureuse absence. En revanche, nous avons souvent constaté que la disparition chez le parent de l'angoisse devant l'étranger et du sentiment de dépendance désamorce progressivement la propre angoisse de la famille. Elle se montre alors réticente aux entretiens familiaux, redoutant qu'ils ne réveillent l'angoisse du parent mais aussi, bien sûr, la souffrance des enfants, et il est vrai qu'à ce stade le travail familial devient difficile. Ajoutons que le même tableau s'observe chez les soignants et que l'interprétation que nous en donnons s'applique également aux liens de l'équipe avec le patient dément.

Dans la recherche anxieuse des aïeux, le dément s'éprouve séparé des parents qu'il appelle tandis que, dans la neutralité, il s'identifie aux parents disparus ou, plus exactement, il retourne à un état narcissique primaire dans lequel il n'y a plus de différenciation entre le sujet et l'objet. Mais il reçoit aussi les projections de la famille, dont le désir est qu'il ne souffre plus et qu'il ne la fasse plus souffrir avec lui, si bien que la modulation ou la neutralité affective du phénomène de la survie des aïeux peuvent s'intégrer à notre conception traumatique familiale de la démence.

L'hallucination des parents perdus évoque l'hallucination douloureuse du membre fantôme à la suite d'une amputation. Ici, la douleur qui se cristallise autour du trait d'amputation est portée par le parent dont le placement, mais aussi le contenu particulier de ce symptôme, font déjà le membre fantôme du groupe. La disparition de cette souffrance témoignera du travail de cicatrisation de la topique familiale : d'abord comme une amputation douloureuse se projetant dans un membre fantôme qui entretient la souffrance de tout le corps familial, puis comme une amputation muette ne laissant derrière elle plus aucune trace clinique du traumatisme subi.

Par ce mécanisme de défense primaire, qui associe étroitement les processus individuels et familiaux, le groupe reconstitue ses limites en court-circuitant le travail de la séparation. Pourtant, avec la perte momentanée ou définitive de l'angoisse devant l'étranger et du sentiment de dépendance, disparaît quelque chose d'essentiel à la vie psychique du vieillard et de la famille : c'est l'altérité, dont la perte fait, pour ainsi dire, passer la mort en contrebande. Cette mort qui ne dit pas son nom rappelle la fin de *La Métamorphose*, où la femme de ménage de la famille Samsa vient annoncer aux parents indifférents qu'ils ne doivent pas se tracasser parce qu'elle s'est déjà chargée de les débarrasser du « machin d'à côté ». Une défense efficace à court terme mais, en définitive, coûteuse, parce qu'elle fragilise les fondations narcissiques de la famille et en particulier de la génération montante.

Chapitre 5

LES SÉPARATIONS ET LE TRAVAIL DE SÉPARATION

S'exprimant à propos d'une mère psychotique qui avait jeté son bébé de cinq mois dans un canal, Winnicott (1961) a cette phrase : « Elle pouvait jeter le bébé mais pas s'en détacher. » Nous ne saurions donner meilleure introduction à un chapitre dont le premier objet sera de distinguer séparations physiques et séparation psychique.

1. La nature psychique de la séparation

Tour à tour but et danger, espoir pour les uns et menace pour les autres, la question de séparation revient en permanence dans la pratique quotidienne gériatrique ainsi que dans la clinique où, à côté des deuils, elle est présentée comme le facteur déclenchant de nombre de pathologies. Quant à la famille, elle la retarde souvent le plus possible comme une épreuve qui sera à coup sûr préjudiciable à son parent, alors même qu'elle se trouve déjà partagée entre le désir de le conserver en son sein et celui de l'éloigner d'elle. Or les familles qui ne connaissent pas ce conflit d'ambivalence se révèlent souvent les plus en difficulté quand il faut prendre une décision de séparation parce que l'état physique ou psychique du parent l'impose.

Ces contradictions apparentes montrent que la problématique de la séparation est loin de se borner à ses aspects concrets et qu'elle est d'abord de nature psychique. Nous n'aborderons donc le plan des interactions familiales manifestes qu'après avoir brièvement fixé les caractères et les enjeux de la séparation psychique.

La séparation se distingue à la fois du deuil et de l'absence. Le deuil marque la disparition irrémédiable de l'objet réel tandis que, dans la séparation, ce dernier survit à son éloignement. La séparation se différencie également de la simple absence par sa tonalité affective particulière (douleur, haine ou nostalgie) qui en fait une épreuve spécifique de l'altérité de l'objet. Rappelons que l'histoire individuelle et la subjectivité naissent de la séparation, puisque c'est à partir de l'absence ou du retrait de la mère que le nourrisson va progressivement la construire comme un objet ayant une existence séparée de la sienne. Mais des séparations réelles trop précoces peuvent au contraire fragiliser ce processus, comme l'a montré Winnicott (1958), qui considère que l'acquisition de la capacité d'être seul, c'est-à-dire de se vivre psychiquement séparé de la mère, exige dans un premier temps la présence de l'objet.

La séparation psychique n'est donc pas la représentation de la séparation entre soi et l'objet réel extérieur mais entre soi et l'objet interne. Chez l'enfant, cet espace interne et cette distance psychique ne peuvent s'instaurer qu'à travers des temps de présence et d'absence de l'objet réel respectant une certaine continuité. Ce rythme retrouve toute son importance chez le patient âgé quand la survie de ses objets internes est menacée par la désorganisation démentielle, mais aussi dans les familles dont l'histoire a été marquée par des séparations ou des abandons précoces.

2. Clinique de la séparation

Pour le parent âgé et sa famille, la séparation peut se vivre selon deux registres : au niveau comportemental, sur le mode d'une conduite organisée et intentionnelle ou d'un symptôme agissant une séparation non désirée ; au niveau psychique, comme une épreuve mobilisant des affects et des angoisses particulières dont la mise en représentations s'accompagne d'un travail intérieur spécifique. Mais n'oublions pas que ces deux niveaux s'étayent en permanence sur un troisième, le registre corporel. Ce dernier a la particularité de rester habituellement latent et de se manifester lorsqu'il y a une insuffisance des processus de mentalisation. D'où les syndromes de glissement ou les effondrements somatiques succédant à certaines séparations.

Les conduites de séparation

- L'entrée en institution n'est pas synonyme de séparation. Ainsi des familles conservent-elles l'habitude de reprendre leur parent chaque week-end pour une nuit, au risque de compromettre parfois son adaptation à son nouveau lieu de vie. On voit aussi des enfants revenir sur leur décision et déplacer à nouveau leur parent pour le rapprocher d'eux, quand ce n'est pas pour le réinstaller chez lui ou chez eux.
- Dans le contexte d'une crise familiale, la séparation peut prendre la forme d'un rejet brutal excluant toute préparation. Mais la même crise peut aussi entraîner la famille à refuser la séparation en mettant en avant l'insuffisance des ressources du parent ou le désaccord d'un des enfants. L'impossibilité de partir en vacances en faisant appel à un tiers entre également dans la clinique de la séparation.
- Les symptômes du parent peuvent y occuper la première place : paroles ou conduites suicidaires, réactions violentes induisant le rejet ou fugues rappelant celles de l'adolescent en difficulté pour se séparer de sa famille. Parfois ce sera le symptôme du conjoint, d'un des enfants ou des petits-enfants dont la décompensation suivra l'éloignement du parent.
- Rappelons enfin qu'il ne s'agit pas seulement d'un départ, éventuellement définitif, mais aussi de tout ce qui crée une discontinuité dans les temps de présence et d'absence rythmant la vie du vieillard : par exemple, l'absence momentanée d'un proche (vacances), le moment quotidien de la séparation dans un maintien à domicile ou celui du départ de l'équipe de jour dans un établissement d'hébergement ou de soins. L'angoisse ou l'agitation qui les accompagnent montrent que ces temps de séparation peuvent devenir cruciaux quand les objets internes du patient n'ont plus la stabilité suffisante pour pallier la disparition des objets extérieurs.

Les affects liés aux séparations

Chez le parent, les séparations peuvent se signaler par toute une gamme de réactions affectives : la nostalgie de l'objet, la souffrance dépressive (marquée par le sentiment d'autodépréciation accompagnant la perte de l'objet), la simple douleur psychique, l'angoisse d'abandon (qui s'adresse à l'objet aimé) ou l'angoisse d'effondrement (qui abolit à la fois sujet et objet). La famille connaît la même expérience dépressive, majorée par le sentiment de culpabilité, et les mêmes angoisses déclenchées par la peur de la perte de l'objet.

Or aucun de ces affects n'est spécifique de la séparation, et ce seront plutôt leur présence, leur absence ou leur enchaînement, c'est-à-dire leur dynamique, qui caractériseront le mieux l'expérience d'un patient et d'une famille donnée. On constate alors que nombre de séparations passent inaperçues de l'entourage : la famille ne pense pas toujours que l'éloignement de tel de ses membres, sa brouille ou son divorce puissent éveiller l'angoisse du parent. Ce dernier ne la verbalisera pas mais l'exprimera fréquemment à travers un symptôme en apparence dépourvu de contenu psychique. Mais l'institution elle-même ne fait pas toujours le lien entre la dépression d'un pensionnaire et l'hospitalisation de son voisin de chambre ou l'absence de l'aide-soignante à laquelle il est attaché.

Nous avons déjà souligné que la présence ou l'absence de réactions affectives aux séparations revêtent une importance particulière dans la clinique du vieillard. Les appels ou la haine qu'elles suscitent marquent à la fois la dépendance vis-à-vis de l'objet réel extérieur et le sentiment de son altérité. L'angoisse de séparation peut aussi se manifester par des réactions confusionnelles ou hallucinatoires au cours desquelles font retour les objets aimés perdus : le patient recherche ses parents qui sont toujours vivants ou déplace son angoisse sur un membre de sa famille qui serait en danger de mort. À l'extrême, il perd le sentiment de l'altérité et de la dépendance, et la survie des parents du parent n'est plus qu'une expérience neutre, dépourvue d'angoisse.

En résumé, la charge émotionnelle de la séparation reflète d'abord l'état du monde interne de l'individu et du groupe familial. La haine du parent envers les enfants qui le placent, la culpabilité individuelle vis-à-vis du parent et le conflit du groupe entre le désir de le conserver et de l'éloigner supposent que la séparation se joue déjà sur le terrain de l'altérité, ce qui n'est pas le cas des familles dont les membres n'ont jamais existé en personnes psychiquement séparées. Pour elles, comme dans les moments de régression fusionnelle des crises familiales, le couple conservation-destruction n'est pas un conflit de séparation mais une alternative de vie ou de mort pour toute la famille.

Observation 8 : Lucienne

Lucienne est une femme de 68 ans que des hospitalisations rapprochées en médecine m'amènent à rencontrer avec son plus jeune fils. Veuve et mère de cinq enfants dont les deux derniers – fils célibataires – vivent avec elle, Lucienne ne dit quasiment rien sur ces allers-retours sinon pour demander de rentrer chez elle, cependant que son fils explique qu'à chaque retour sa mère recommence rapidement à s'agiter et à réclamer en gémissant de repartir à l'hôpital.

Il finit par décider avec son frère de faire entrer leur mère en maison de retraite, mais tout en continuant de la recevoir un jour et une nuit par semaine. Bientôt, des fugues, des violences et des menaces suicidaires conduisent à son tour la maison de retraite à la faire hospitaliser fréquemment, cette fois en psychiatrie. Pour désamorcer ces répétitions, il faudra que nous envisagions devant Lucienne et son fils un séjour plus long avec une suspension des permissions à la maison et un cadrage plus rigoureux des visites. Restée suivie après sa sortie sur le mode d'entretiens réguliers avec son fils, elle sera admise un an plus tard en long séjour à la demande de sa maison de retraite, tandis que ses fils cesseront de l'accueillir chez eux.

Ce cas nous montre d'abord comment les éloignements et les rapprochements successifs entre mère et fils répondent à une excitation qui ne peut se réguler qu'à travers cette oscillation permanente. À chaque retour chez ses fils, les symptômes de Lucienne commencent par s'apaiser, puis réapparaissent régulièrement au bout d'un certain temps, de même qu'ils s'estompent après son départ pour resurgir dans l'institution dès que la séparation dépasse une certaine durée.

Du point de vue économique, les symptômes comportementaux de Lucienne investissent son entourage et l'occupent comme une excitation physique peut occuper le corps. Face à cette mère régressée dans la dépendance jusqu'à la toute-puissance infantile et bloquant par son emprise tout processus de séparation, son fils clame son impuissance à l'alimenter plus longtemps en énergie et en argent. Car il se dit financièrement incapable de supporter la situation, se plaignant sans cesse des institutions comme de ses frères et sœurs : on lui facture des prestations dont sa mère ne bénéficie pas les jours qu'elle passe chez lui et il ne juge pas normal d'assumer seul avec son frère les frais de séjour.

Mais les entretiens révéleront un autre motif entravant le travail de séparation : cette relation mère-fils est restée longtemps trop érotisée pour que ce dernier puisse de lui-même y renoncer. En effet, à chacun des retours hebdomadaires de sa mère, c'est lui qui la baignait, entretenait son linge et l'habillait. Ce n'est qu'au moment où le cadre de l'hospitalisation en psychiatrie établira une distance entre mère et fils qu'il pourra nous en parler et nous laisser imaginer l'excitation que provoquait de part et d'autre ce corps-à-corps.

Le discours du fils de Lucienne sur les institutions transpose en quelque sorte au plan de la réalité matérielle un aspect essentiel de la problématique de la séparation : son articulation avec la conservation et d'abord avec l'autoconservation de celui qui en décide. Or ici, malgré le rôle de premier plan apparemment dévolu à l'argent, la séparation ne parvient pas à s'organiser sur le mode de l'analité qui associe précisément les deux fonctions complémentaires de la rétention et de l'expulsion.

3. LE MODE ORAL ET ANAL DE LA SÉPARATION

De même que le développement du moi psychique s'appuie sur l'unification progressive des fonctions corporelles, le devenir du soi familial s'étaye sur le fantasme d'un corps commun possédant métaphoriquement les mêmes fonctions. Avec son parent âgé, la famille peut se comporter comme une bouche et comme un sphincter, selon qu'elle l'engloutit ou l'expulse, qu'elle l'incorpore sur le mode cannibalique en anticipant son deuil ou qu'elle s'en détache en étant capable de se dédommager narcissiquement des frais réels et symboliques de cette séparation, c'est-à-dire de se rassurer sur sa propre valeur.

On reconnaît là les étapes orale et anale du développement de la libido. En étudiant la séparation du point de vue d'une organisation libidinale familiale qui connaîtrait les mêmes stades, nous donnerons à la notion d'altérité un contenu pulsionnel qui la rendra à la fois plus vivante et plus aisée à repérer cliniquement. Nous verrons aussi comment le chemin réel ou mythique parcouru par les sociétés primitives dans leur relation avec leurs vieillards se rapproche de chacune de ces phases.

La séparation sur le mode oral

La forme la plus archaïque de séparation décrite par les ethnologues dans les sociétés pauvres et nomades, celle de l'abandon du vieillard dès lors qu'il est diminué, emprunte beaucoup à l'oralité : car devenu une bouche inutile, son entretien pourrait affamer la communauté. Dans ces sociétés, c'est la conservation des dents qui symbolise la puissance du parent âgé et leur chute qui marque l'entrée dans la décrépitude (S. de Beauvoir, 1970). La clinique nous montre un phénomène semblable dans le cas de vieillards égarant leur dentier, refusant de s'alimenter ou ne prenant plus qu'une nourriture liquide. Or ce sont souvent des patients mélancoliques, dont les symptômes ne font que rendre manifeste la problématique de deuil dans laquelle la famille se trouve déjà engagée.

Quand la tendance à conserver le parent cède devant des aspirations hostiles puissantes, la séparation devient d'autant plus difficile qu'elle déclenche un mécanisme d'incorporation détruisant l'objet. Devant ce danger pulsionnel, tout se passe comme si le parent se faisait à la fois le porte-parole du désir et de la défense du groupe, tandis que la famille vit le symptôme anorexique avec un intense sentiment de culpabilité. S'il lui apparaît que son parent mange sans difficulté à l'hôpital de jour, le souhait qu'il le fréquente plus souvent reflétera l'envie et l'avidité de tout le groupe. On peut aussi supposer qu'en refusant de s'alimenter, le parent renonce à reprendre par introjection cannibalique l'objet-famille qu'il voit mis en péril par sa propre perte.

Ces deux interprétations du symptôme anorexique supposent qu'il porte un contenu mortifère pour le parent et pour la famille. Il est en effet fréquent que la famille nous révèle l'existence d'un deuil ancien non accompli, comme si la dévoration fantasmatique de ce mort venu de son passé ne s'était jamais faite et que le groupe, resté sous le coup de cette perte, ne pouvait incorporer le parent devant être à son tour perdu. Dans l'observation suivante, il s'agit d'une mort attendue et partiellement niée.

Observation 9 : Victoria

Mme T. nous consulte avec sa mère Victoria, âgée de 83 ans, qui vient de faire un séjour en gériatrie. Elle la trouve ralentie, ayant perdu le goût de ses activités habituelles, et elle envisage une hospitalisation de jour afin de la stimuler. Victoria vit seule avec son mari, âgé de 89 ans, récemment opéré « d'un gros polype aux intestins qu'on ne lui a pas enlevé. Il dépérit de jour en jour... Vous avez compris je pense, je ne vous en dis pas plus parce qu'on capte tout ». Sa mère, ajoute-t-elle, garde des séquelles d'une série d'attaques qui se seraient toutes produites dans la même journée : « On vit dans la peur que cela ne se reproduise et ne soit plus grave... Mon père a peur la nuit et la surveille. »

Comme Victoria reste silencieuse, sa fille explique qu'elle ne parle que l'espagnol. Jadis, les parents et leurs quatre enfants ont fui les troupes franquistes en abandonnant leur famille et leurs biens dans des conditions dramatiques, et nul n'est jamais plus retourné au pays. C'est aux premières manifestations de la maladie de son père qu'elle fait remonter le début des troubles de Victoria : cette femme de caractère, qui a abattu toute sa vie le travail d'un homme, a commencé alors à se montrer fatiguée et à se replier. Quant à Mme T., elle attend anxieusement le premier accouchement de sa fille, car elle redoute pour elle les complications qui ont marqué le sien, ajoutant : « J'ai peur que la naissance du bébé fasse le vide ! » Elle souffre aussi de ce que, la voyant ainsi prise entre sa fille et ses parents chez qui elle passe deux fois par jour, son mari se sente abandonné.

Grande, carrée d'épaules et toute de noir vêtue, Victoria dégage une impression de vigueur et de souffrance, qu'accentue encore son silence. C'est donc essentiellement avec sa fille que se discutera sa venue deux fois par semaine à l'hôpital de jour. Cette dernière nous signale rapidement des troubles du comportement alimentaire qui ne vont pas tarder à se manifester aussi au centre : à la maison, Victoria vomit tandis qu'ici elle refuse de manger ou recrache et ne prend bientôt plus que des aliments liquides.

Parallèlement surviennent plusieurs hospitalisations du mari de Victoria, dont Mme T. dit simplement que cela améliore à chaque fois l'état de sa mère. En effet, nous dit-elle, autrefois son père battait sa mère et les parents continuent de s'agresser dès qu'ils se retrouvent ensemble. Gardant toujours le silence sur le mal de son père, elle nous apprend qu'un de ses beaux-frères a été opéré il y a trois ans d'un polype cancéreux et que sa mère ne l'ignore pas. En ce qui concerne son mari,

Victoria a un jour ces paroles fortes : « S'il est malade, je le sais. S'il n'est pas malade, je le sais. Je sais aussi qu'il peut partir d'un jour à l'autre. » Mais devant sa fille désemparée, elle se refuse à en dire plus. Enfin, malgré nos invitations répétées, cette dernière ne nous amènera pas son père, et aucun de ses frères et sœurs ne l'accompagnera jamais à nos entretiens.

Les traits mélancoliques de Victoria s'accentuent après qu'une nouvelle alerte de son mari l'eut placée à son retour du centre devant une porte close, situation qui lui a laissé sans doute imaginer le pire. À notre tour inquiet, nous lui proposons l'hospitalisation complète et elle nous donne clairement son acceptation. La suite de cette observation nous est apportée par nos collègues hospitaliers : alors que l'état de Victoria s'améliore et fait envisager l'entrée dans une maison de retraite, sa fille pense que cette hospitalisation sera fatale à sa mère. Quelques jours après l'accouchement de sa fille et avec le renfort de toute la famille, pour cette unique fois réunie, elle fera transférer sa mère dans l'établissement d'où elle était précédemment sortie, en refermant ainsi une boucle qui était peut-être en passe de s'ouvrir.

Nous avons retenu cette observation parce que l'anorexie de Victoria illustre notre lecture pulsionnelle de la séparation. Ce symptôme qui met en œuvre un mécanisme d'identification (devant son changement spectaculaire, nos collègues ont d'ailleurs avancé le diagnostic d'hystérie) semble répondre à une double injonction de sa fille : suspendre le travail du deuil de son père, que sa mère a pourtant déjà manifestement amorcé, et la stimuler, c'est-à-dire activer sa pulsion cannibalique. Cette défense paradoxale répond à une situation actuelle venant remettre en cause une autre défense : le clivage que la fille de Victoria entretient et qu'on peut faire remonter à la séparation traumatique marquant l'histoire familiale. Soignants et enfants y répondront sur deux modes différents : les premiers en proposant une hospitalisation séparatrice étayant du même coup le fonctionnement individuel de la patiente, les seconds en instaurant un nouveau clivage abritant le narcissisme du groupe derrière la dualité classique du bon et du mauvais hôpital.

Ces défenses paralysent le travail psychique et induisent le traitement de l'angoisse par la seule voie de l'agir. Pour la fille de Victoria, il n'est plus question que de séparer les parents, calmer l'un ou stimuler l'autre. Mère et fille s'interdisent toute ambivalence, l'une en refusant la nourriture, l'autre en taisant ce qui pourrait dévoiler le partage de ses sentiments. Mais cette défense n'est-elle pas également intervenue dans notre décision d'hospitaliser Victoria ? Au-delà de ce qu'éveillaient en nous sa présentation mélancolique et ce que nous connaissions de sa situation, cette interrogation vise un point important du travail familial : devions-nous insister pour réunir toute la famille, c'est-à-dire affronter notre propre ambivalence, plutôt que de nous identifier à sa fille dans la peur de lever un clivage ancien ?

La séparation sur le mode anal

Se séparer du parent ou le garder : cette alternative se prête en effet à la métaphore d'un corps familial dont ces deux fonctions s'étayeraient sur l'érotisme anal. Cliniquement, cette organisation pulsionnelle se manifeste au niveau de l'entourage par des formations réactionnelles contre l'expulsion sadique du parent. Vis-à-vis de ses troubles, les enfants commencent par faire preuve d'une bonté et d'une tolérance extrêmes, au point de préférer sacrifier leurs vacances plutôt que de perdre la relation avec lui l'espace d'un hébergement temporaire. Quant au parent, pour irritante qu'elle soit, sa composante rétentive anale (thésaurisation morbide) est mieux supportée que celle de l'incontinence fécalisant l'entourage. Car le vieillard attaque volontiers les valeurs de la famille par des paroles scatologiques qui sont comme des provocations à se faire rejeter, c'est-à-dire à trancher le conflit d'ambivalence.

Alors que, dans l'oralité, ce sont la destructivité, l'angoisse de perte et la dépression qui dominent, l'ambivalence anale porte la relation à un niveau où le vieillard représente aussi un bien à conserver. Aux deux tendances contradictoires à la rétention et à l'expulsion correspondent deux images du parent comme objet tout à la fois valorisé et déprécié. Par là, la séparation anale maintient la libido d'objet, qui alimente à son tour le narcissisme secondaire du groupe. Connaissant les liens symboliques de l'argent avec l'érotisme anal, on n'est pas surpris de constater que les familles se plaignant d'assumer les frais d'hébergement de leur parent soient dans l'ambivalence mais ne se dépriment pas.

C'est aussi par rapport à cette ambivalence qu'on peut reprendre les attitudes primitives à l'égard des vieillards telles que S. de Beauvoir (1970) les a distinguées. Dans les sociétés les plus pauvres, nomades ou semi-nomades, le parent âgé est respecté tant qu'il possède richesse et santé. Dès qu'il est atteint de décrépitude, il est négligé et abandonné, à moins que la séparation ne s'accomplisse sous la forme d'un rituel auquel il se soumet. Moins rude est le sort des vieillards dans les sociétés religieuses et magiques, et leur rôle plus complexe, parce que leur mémoire fait qu'ils sont détenteurs d'un savoir redouté. Sacrés, ils dominent par la crainte qu'ils inspirent à des jeunes dont l'attitude devient à son tour plus complexe : ils se cachent pour se moquer des vieux, dont ils redouteront plus tard la vengeance des fantômes.

On sait que, pour construire sa théorie du meurtre du père de la horde primitive, Freud (1913) s'est aussi inspiré du mythe du roi-sorcier tué en pleine vigueur, avant que l'âge ne l'affaiblisse, afin que ses forces ne disparaissent pas avec lui mais se régénèrent de manière cyclique. Et l'on se souvient que Jones (1948) plaçait l'illusion de l'immortalité à l'origine de l'idée de la réincarnation de l'aïeul dans son petit-fils. Ainsi, pour la sociologie comme pour la psychanalyse, l'ambivalence n'est pas première. Elle apparaît avec le désir de garder intactes les forces du roi ou du parent pour les assimiler. L'articulation entre l'expulsion et la conservation marque le passage des sociétés qui se débarrassent du vieillard pour assurer la survie du groupe aux communautés plus socialisées qui le protègent de l'ambivalence de la génération devenue plus forte et préservent du même coup la valeur du groupe.

Le même tournant se retrouve dans la clinique de la séparation familiale. Dans sa forme archaïque, orale et pré-ambivalente, elle est une menace pour le vieillard ou pour sa famille. En s'étayant sur l'analité faisant du parent un objet ambivalent, elle maintient de part et d'autre un certain équilibre entre libido objectale et libido narcissique : le parent est regardé comme une personne de valeur protégée par des interdits, et la famille se dédommage de sa perte en conservant en elle quelque chose de lui. Du point de vue sociologique et psychologique, la sollicitude, la tendresse et la piété filiale marqueraient l'accession à un niveau supérieur où les enfants puiseraient dans une énergie libidinale désexualisée la capacité d'écarter toute perspective de séparation matérielle.

Cette dernière étape, à première vue évidente, mérite un commentaire. Nous avons montré (*cf.* observation 8) comment un investissement pulsionnel excessif et les défenses qu'il fait naître entravent la séparation. De même, lorsque l'ambivalence est trop forte, la famille ne peut en décider par crainte de sa composante sadique. Mais, *a contrario*, n'est-ce pas aussi parce que les érotismes de la sexualité infantile ne sont jamais ni totalement ni définitivement soumis au refoulement ou à la sublimation que se décident d'autres séparations, comme lorsque les enfants veulent par là mettre un terme à un maintien à domicile qui les expose de plus en plus à l'intimité physique du parent ? En outre, si l'attitude des enfants envers leurs parents âgés n'était plus dictée que par la reconnaissance et le respect, c'est-à-dire par les seuls idéaux culturels, cette relation ne connaîtrait pas d'autre issue que la mort du parent, c'est-à-dire une séparation non pas décidée mais programmée par la nature.

En d'autres termes, la séparation ne peut s'accomplir sans l'énergie apportée par la pulsion sexuelle. Mais elle reçoit aussi, bien sûr, la poussée issue de l'autre pôle de l'inconscient pulsionnel que Freud a désigné en 1920 comme l'instinct de mort. Alimenté lui aussi par ces deux courants pulsionnels, le travail de la séparation puisera dans la libido pour lutter contre les effets de déliaison de Thanatos, en liant l'énergie d'Éros à de nouvelles représentations du parent absent.

4. LE TRAVAIL DE LA SÉPARATION

À propos de l'adolescence, J. Guillaumin (1986) définit la séparation comme « une prise de distance, en bonne partie active, visant ou entraînant pour le sujet un nouveau processus d'existence plus ou moins soustrait à l'étayage et aux régulations, perceptives ou autres, assurées par l'environnement humain antérieur ». Il la distingue de la perte et du deuil en notant que « se séparer peut être vu comme une conduite principalement active de devancement de la perte et d'économie du deuil ». Cette définition comporte une série de points essentiels : la séparation désigne un éloignement actif et non pas subi ; elle place l'objet séparé hors du champ perceptif actuel ; celui qui se sépare doit être en mesure de compenser cette perte d'étayage par « un nouveau processus d'existence ».

Dans un autre texte, J. Guillaumin (1989) décompose la temporalité de ce travail en deux étapes : la séparation matérielle commence par laisser non affectée l'énergie antérieurement liée à l'objet. Dans un second temps, l'appareil psychique va travailler à offrir de nouvelles liaisons à cette énergie libre productrice d'angoisse. Il le fera en forgeant de nouvelles représentations, sur la base des traces mnésiques de l'objet mis à distance mais aussi des objets réels que lui fournit son environnement restant.

Cette conception fait immédiatement ressortir l'impasse où se trouve un enfant ayant toujours vécu avec le parent quand la maladie le contraint à se séparer de ce dernier et que son âge ne lui permet plus de s'étayer sur un nouvel environnement humain. Le travail de la séparation est tout aussi difficile pour les enfants qui ont déjà connu dans leur enfance des séparations et des carences précoces. La séparation présente n'est plus alors que la répétition des abandons et des séparations passées.

Observation 10 : Irma

Âgée de 70 ans et hémiplégique, Irma est entrée en résidence médicalisée à la demande d'une de ses deux filles qui désirait la rapprocher d'elle. À l'image de son corps, elle clive rapidement l'équipe en se montrant gratifiante avec les uns, blessante avec les autres. Aux uns, elle confie son angoisse et sa tristesse de ne jamais récupérer de ses séquelles, aux autres elle affirme qu'elle est en bonne voie de recouvrer son autonomie pour repartir dans sa région d'origine, loin de ses filles qu'elle juge ingrates.

Après un nouvel accident vasculaire cérébral qui aggrave sa dépendance physique, Irma ne nous parle plus que pour attaquer sa fille, lui reprochant surtout de ne pas lui apporter les aliments qu'elle lui demande. Elle s'installe progressivement dans un mutisme que les infirmières vivent comme un abandon, car elle ne les appelle plus par leur prénom et ne les remercie plus d'un mot gentil après la toilette. Aussi désemparé que l'équipe, nous demandons à rencontrer sa fille, dont nous savons qu'elle continue de lui rendre très régulièrement visite, sans toutefois jamais s'adresser à aucun soignant.

La fille d'Irma nous semble d'emblée déprimée et en grande difficulté personnelle. Elle commence par se plaindre du mauvais caractère de sa mère, nous expliquant que sa sœur, qui vit dans une région éloignée, ne lui parle plus depuis quinze ans et que son beau-frère a dit que « s'il fallait payer, il viendrait avec le fusil ! ». De son côté, elle se culpabilise beaucoup de ne plus prendre sa mère tous les week-ends. Elle répond à nos questions sur l'histoire familiale en balbutiant, comme si elle n'avait encore jamais mis ce passé en paroles. Elle n'a pas connu ses grands-parents maternels que sa mère a perdus très jeune, elle ignore dans quelles circonstances. Elle-même a été mise en nourrice par sa mère à 4 ans, au moment où elle se serait séparée de son père. Elle est revenue à 14 ans vivre avec ce dernier, ajoutant qu'à sa mort, elle a connu à 27 ans une dépression. Mais sa seule façon de signifier l'abandon maternel est de dire qu'elle n'a aucun souvenir de sa mère.

Tous ces éléments nous sont livrés gauchement, non comme un récit organisé mais comme une succession d'événements traumatiques restés en mal d'élaboration. Malgré l'état inquiétant d'Irma, en présence de qui se déroule l'entretien, sa fille ne peut parler à aucun moment des pensées qu'elle lui inspire. Elle paraît au contraire prise tout entière dans une identification à sa mère qui la fait beaucoup souffrir mais qui est aussi une façon de la garder en elle. Ce tableau nous donne à penser que, quand nous écoutions Irma reprocher à sa fille de l'avoir abandonnée et de ne pas lui apporter à manger, elle rejouait avec cette dernière sa relation avec une mère qui jadis ne l'a pas comblée. Or sa fille se montre vis-à-vis de nous comme vis-à-vis de sa mère : insuffisante et incapable de satisfaire nos attentes. « Je me demandais ce que j'allais vous apporter parce que je ne la connais pas trop », nous dira-t-elle d'ailleurs en fin d'entretien.

La fille d'Irma paraît incapable d'amorcer le travail de la séparation parce qu'elle est prise dans une répétition transgénérationnelle qui fait d'elle le double ou le miroir de sa mère. Si elle ne peut s'empêcher de venir la voir aussi souvent, ce n'est pas pour nourrir un lien libidinal (et encore moins érotisé) mais comme sous l'effet d'une compulsion de répétition qui la fait souffrir et dont on se demande avec inquiétude dans quel état elle sortira.

La place des deuils dans le travail de la séparation

J. Guillaumin considérait la séparation comme « une conduite de devancement de la perte et d'économie du deuil ». À la différence du travail du deuil, le travail de la séparation désigne des changements internes qui restent étroitement dépendants de la réalité externe de l'absent : c'est une perte active qui place le parent réel hors du champ perceptif quotidien mais ne supprime ni son existence ni la question de son devenir. Dans le deuil, à l'exception de certains cas pathologiques qui refusent la réalité de la perte irrémédiable de l'objet, le moi ne peut éviter de percevoir sa disparition. Tandis que, dans le travail de la séparation, le moi dispose plus aisément de la possibilité de s'appuyer sur la perception des changements de l'objet réel ou de les exclure du champ de sa conscience.

La séparation d'avec le parent est à l'origine d'une double transformation qui affecte d'une part, le parent réel et, d'autre part, l'image interne du parent. C'est de leur écart que naît la douleur de la séparation ; mais, sans l'acceptation des changements liés à la séparation, il n'y a pas de travail intérieur possible. Il est donc normal que les enfants réagissent à la dépendance qui s'établit entre le parent et son nouvel environnement ou qu'ils soient troublés de le voir former un couple avec un autre pensionnaire. À cet égard, la séparation lors d'une hospitalisation n'a pas les mêmes effets qu'une entrée définitive en institution.

Mais cet aspect du travail de la séparation qu'est la création de nouvelles représentations du parent ne s'appuie pas seulement sur ce qui est actuellement perçu. La séparation est propice au retour des deuils passés et à la projection sur l'absent des objets perdus, la séparation étant alors bien, comme l'écrit J. Guillaumin, « une conduite de devancement de la perte ». Pour autant, le travail de la séparation ne fait pas l'économie du deuil, en ce sens qu'il s'accompagne d'une reprise élaborative des deuils passés. Sinon, l'ombre des objets perdus tombant de part et d'autre sur le parent et les enfants les empêche de vivre et de penser la séparation actuelle, voire le leur interdit.

Observation 11 : Clara

Nous suivons Clara depuis six mois parce qu'elle présente un tableau dépressif accompagnant des troubles de la mémoire qui remontent à quelques années. C'est ainsi qu'à notre première rencontre elle ne sait plus depuis quand elle est veuve. Quand elle nous rejoint, sa fille précise que son père est décédé brutalement l'an passé, ce qui l'oblige, dit-elle, à venir tous les jours déjeuner avec sa mère. Pour décrire l'aggravation récente des troubles de mémoire de cette dernière, elle cite plusieurs objets qui ont disparu, dont le violon de son père. Elle rangerait bien le sous-sol, mais, depuis la mort de son père, sa mère le lui refuse. Clara explique qu'elle a peut-être prêté le violon à un ami de son mari. « Je ne sais pas, répond sa fille, il faut d'abord qu'on cherche. » Entendons qu'on ne sait pas ce qui a disparu, ni si cette disparition est provisoire ou définitive.

Chaque fois qu'elle se retrouve en face à face avec nous, Clara commence par dire « qu'elle a moins d'oubliettes, qu'elle remonte la pente et qu'elle se sent revivre ». Puis les larmes viennent et elle nous parle de la mort de son mari, enchaînant très vite avec son quartier agréable et ses amies qui ne lui laissent pas le temps de s'ennuyer. Sa fille nous rejoint et se plaint de ce que sa mère n'a jamais le moral, mais, du décès récent du père, elle aussi dit simplement : « On a fait son deuil chacune de son côté. »

Ce jour-là, Clara nous assure comme à son habitude qu'elle va mieux mais son expression demeure tendue. Elle finit par reconnaître qu'elle a « un peu de souci parce que son gendre a été hospitalisé hier en cardiologie ». Quand sa fille nous rejoint, elle explique que cette hospitalisation était prévue mais que son mari se trouve dans la même unité que celle où son père avait été admis. Et de poursuivre : « Pour la fête des Mères, elle m'a fait une grosse bêtise. Elle est partie avec une dame qu'elle avait rencontrée le matin au cimetière. Elle savait pourtant que nous l'attendions avec mon mari pour aller au restaurant. » Clara explique qu'elle a rencontré cette femme en allant sur la tombe de son mari : « On s'est dit on est toutes seules, on va manger ensemble. »

Sa fille nous confie en pleurant qu'elle l'a ressenti comme quelque chose de destructeur « qui lui prend les tripes », un constat d'échec qui montre bien que sa mère lui a toujours préféré son père. Et elle nous parle pour la première fois de l'épreuve que fut pour elle la mort de ce dernier, ajoutant qu'elle a même dû se séparer de son mari (de 16 ans plus âgé qu'elle) pendant trois mois. Alors, pour la première fois aussi, Clara nous parle de ce « gentil mari et gentil papa » qui de son vivant faisait oublier la fille à la mère puis, une fois mort, le mari à la fille et la fille à la mère.

Depuis, nous avons reparlé de cet « oubli » et de ce deuil, avec Clara seule et avec sa fille. En nous parlant du disparu, Clara a pu exprimer sa douleur et des pensées de mort qu'elle s'était toujours retenue de confier à sa fille. Cette dernière a pu verbaliser les reproches à son père, que dissimulait la rivalité avec sa mère, nous donnant à penser que la séparation d'avec son mari visait inconsciemment à désamorcer son hostilité envers le disparu. Elle ne vient plus chez sa mère que deux fois dans la semaine et elle tente actuellement de la convaincre d'accepter une aide-ménagère.

5. CONCLUSION

Pour les enfants du parent âgé, le travail de la séparation possède un double versant, objectal et narcissique, puisque la séparation vise à satisfaire la pulsion ou à en écarter l'objet ; tandis que, du point de vue des identifications, elle est précédée, accompagnée ou suivie d'une transformation de l'objet réel qui remanie l'objet interne dans un sens étayant ou desétayant pour le moi. À la différence du travail de deuil qui est purement interne, ce processus se caractérise par la survie du parent réel dont chaque nouvelle atteinte relancera la douleur de la séparation.

Le travail de la séparation est donc marqué par son impossible achèvement. Il s'amorce en présence de l'objet, se poursuit en son absence et aspire à devenir de plus en plus indépendant de sa réalité matérielle. Une des sources de la douleur est dans ce cas la survie de l'objet, en ce qu'elle implique le risque permanent de son changement, jusqu'à sa mort qui délivre la famille de cette douleur particulière. La séparation comporte toujours une part d'inaccompli, qui ne s'accomplit pas encore dans la réalité matérielle, et qui est de l'ordre de la disparition de l'objet réel. C'est pourquoi la séparation fait si souvent rappel des objets perdus, pour les enfants qui identifient le parent aux êtres aimés perdus, et pour le parent qui identifie les enfants aux parents perdus. Ainsi, l'inachèvement du processus de séparation tiendrait à la survie de l'objet réel. En elle résideraient à la fois la spécificité de ce travail et la source permanente de sa relance.

PARTIE 2

LE TRAVAIL AVEC LA FAMILLE DU PATIENT ÂGÉ

Chapitre 6

L'ENTRETIEN FAMILIAL

Après cette vue d'ensemble des dynamiques familiales accompagnant le vieillissement des parents, nous allons nous intéresser aux conditions de leur observation, en partant du cadre et du contenu de l'entretien familial. C'est bien artificiellement que nous le détachons de la consultation et des problèmes soulevés par l'attente de la famille, qui feront l'objet du chapitre suivant, car l'entretien exploratoire nous fait déjà franchir un pas important. Identifier des interactions familiales est une chose ; rencontrer le patient avec sa famille en est une autre, et cette démarche soulève d'emblée une série de questions.

1. La place de l'entretien familial dans le projet de soin

Les problèmes posés par le travail avec la famille du patient âgé ou même simplement par leur rencontre conjointe ne sont pas d'ordre exclusivement pratique et technique. Vis-à-vis du projet de soin, on peut opposer à cette démarche deux objections.

La première est que cette rencontre risque de disqualifier le parent comme sujet à part entière. On le redoutera d'autant plus s'il est physiquement ou intellectuellement diminué et si la famille demande à être reçue avec lui « parce qu'il ne saura pas s'expliquer tout seul ». Ce point, ancré dans la dépendance réelle du parent, rejoint un des problèmes majeurs de la pratique gériatrique et géronto-psychiatrique : la rencontre entre le thérapeute et le patient est très souvent médiatisée par un tiers familial ou institutionnel, et l'accompagnement à la consultation peut alors rendre difficile l'analyse de la relation soignante avec le patient âgé. C'est notamment le cas des rendez-vous manqués qui engagent à chaque fois, à travers la question de l'absence, toute la problématique de la séparation.

La seconde objection, qui découle de la précédente, est qu'une telle expérience peut compromettre un projet de prise en charge individuelle. Comment pourra-t-on en effet recevoir les attentes, les plaintes, voire les accusations que l'entourage porte sur son parent, sans que cela ne retentisse sur l'écoute que l'on est ensuite en mesure d'offrir au patient ? La neutralité sera d'autant plus malmenée si la famille s'autorise de cette première rencontre pour nous rappeler et nous communiquer ses souhaits ou ses inquiétudes.

Précisons bien que nous sommes loin de considérer l'indication d'un travail ou même d'un entretien familial comme systématique. Il arrive que le patient âgé se présente seul et que sa demande comme son fonctionnement psychique individuel excluent que nous contactions sa famille. Tel est le cas des patients névrotiques ou dépressifs dont la famille est suffisamment intériorisée pour que leurs relations objectales puissent se déployer et s'analyser dans le huis clos du face-à-face. En outre, lorsqu'un patient se présente à sa première consultation accompagné des siens, nous avons pris l'habitude de commencer par le rencontrer seul, en avertissant sa famille que nous l'inviterons ensuite à nous rejoindre. Si ce face-à-face débouche sur l'indication d'une prise en charge individuelle, nous veillons alors à ce que l'entretien familial se limite au minimum et qu'il n'ait pas de suite.

Nous adoptons la même stratégie avec le sujet dément dont l'examen psychiatrique implique nécessairement un premier temps individuel, en dépit des avertissements de la famille et parfois même des défenses de l'intéressé qui commence par en appeler au tiers absent : « Demandez à ma fille, ma femme saura mieux vous dire, etc. » Ce choix qui aide à désamorcer la « présentation déficitaire » (Ploton, 1990), en montrant au patient et aux siens que nous le considérons comme un sujet capable de soutenir une relation inter-personnelle et de s'exprimer lui-même sur sa souffrance, suppose bien entendu que nous ne recevions pas ensuite sa famille sans lui.

Ces réserves étant faites, nous avons cependant deux raisons de donner une place réelle à la famille, c'est-à-dire de la recevoir et de proposer, dans certains cas, d'autres rencontres. La première tient au fait qu'il est des moments où le destin du vieillard implique une décision que la famille ne peut prendre ni même parfois se représenter sans en parler avec le parent en présence d'un tiers soignant. Dans les crises de la famille, elle se présente à nous comme un groupe en quête d'un lieu où elle puisse reconstruire son espace propre et restaurer son narcissisme.

Par ailleurs, la pratique des entretiens familiaux avec des patients souffrant d'une atteinte intellectuelle montre combien le parent peut avoir, dans certains cas, besoin de prendre appui sur les objets réels que représentent les siens. Que la famille se déplace pour venir parler avec lui, en investissant le temps et l'argent nécessaires, est narcissiquement et objectalement étayant pour lui. Mais, sans le formuler toujours explicitement, c'est aussi la famille tout entière qui demande une « prise en charge », et nous examinerons au chapitre suivant les implications délicates de cette attente.

Le champ ouvert par cette discussion souligne la nécessité de ne rien entreprendre avec la famille sans disposer d'un cadre à la fois théorique et pratique. Même s'il ne vise qu'à une simple investigation médicale, l'entretien familial ne doit pas être une rencontre improvisée au gré de la conjoncture, mais une démarche cadrée par le clinicien en fonction d'hypothèses de travail et de repères méthodologiques précis.

2. LE CADRE DE L'ENTRETIEN FAMILIAL

Le lieu

Le lieu de l'entretien n'est pas toujours choisi. C'est pourtant le premier point sur lequel nous voulons attirer l'attention. Il n'est pas indifférent, en effet, que cette rencontre se tienne dans le service où le parent est hospitalisé, à son domicile ou dans un centre de consultation.

Ce sont certaines situations de crise, lesquelles exigeaient la séparation momentanée du parent et de sa famille, qui nous ont les premières confronté à cet aspect du cadre. Dans ce contexte, les entretiens familiaux au sein de l'unité recevant le parent sont en effet propices à la répétition : à l'image des familles de psychotiques, le groupe tend à y reproduire ses interactions habituelles, ce qui est le plus sûr moyen de ne pas les mettre en paroles. Par la suite, notre conception s'est étendue du cadre hospitalier à l'ensemble des situations cliniques, nous conduisant à formuler l'hypothèse qu'elles contiennent toujours une problématique de séparation psychique dont l'élaboration implique que le groupe ait son espace propre, respectant l'espace individuel de chacun et, en premier lieu, du parent.

Les participants

Pour être familial, l'entretien requiert la présence d'au moins deux générations. Notons que cette définition ne s'applique pas à la consultation avec le couple seul, dont nous dirons seulement ici qu'il pose au thérapeute des problèmes spécifiques.

Doit-on demander à rencontrer sinon l'ensemble du groupe familial, du moins la totalité des enfants constituant la deuxième génération ? Il est en effet exceptionnel que tous les enfants soient présents à ce premier entretien. En revanche, il arrive que les absents se rendent d'eux-mêmes à la consultation suivante. Cette forme d'« après-coup » que nous observons fréquemment et que les enfants rattachent explicitement au premier entretien, est un bon indice des possibilités d'élaboration du groupe familial. Mais, comme nous l'a montré le cas de la famille de Victoria (*cf.* observation 9), l'absence répétée d'un ou de plusieurs membres de la fratrie peut révéler un clivage dont il sera difficile de situer la fonction à la seule écoute des membres présents.

En pratique, lorsqu'une personne prend simplement rendez-vous avec son parent, nous n'avons pas l'habitude de demander que la famille se présente d'emblée au complet. En revanche, lorsqu'il s'agit d'une demande de consultation mentionnant explicitement un problème familial, nous répondons qu'il est important que tous les enfants soient là puisque la famille est en quelque sorte l'objet de la demande. Nous avons longtemps hésité à le faire, considérant que nous n'étions pas dans le cadre d'une thérapie familiale, c'est-à-dire confronté à la demande d'un soin pouvant, il est vrai, comporter cette exigence. Mais l'expérience nous a appris que l'absence d'un ou plusieurs membres de la fratrie est toujours une résistance au travail de la séparation, la famille préférant la mettre en acte pour ne pas avoir à en parler ensemble. En outre, on ne peut parler librement des fantasmes quand des absences recouvrent des éléments de réalité tus ou non éclaircis.

La présence du parent

En revanche, il est un dernier point sur lequel nous serons plus catégorique : c'est la demande de la famille d'être reçue en l'absence de son parent. Parmi les arguments qui ne manquent jamais d'être avancés pour réclamer un entretien privé revient souvent le souci d'épargner au parent une épreuve qui ne pourrait qu'aggraver son état ; alors que, par cette mise en absence du parent, la famille tente de réaliser à l'extérieur la séparation qui fait problème à l'intérieur. Il est habituellement facile d'expliquer à la famille que ce type d'entretien fait au contraire partie du projet de soin et que cet échange en notre présence peut apporter quelque chose à chacun. Aussi n'acceptons-nous jamais de recevoir les enfants seuls, ni avant ni après l'entretien familial.

3. L'ÉCOUTE DU GROUPE FAMILIAL

Un des buts de l'entretien familial est de nous donner une représentation de l'organisation de ce groupe et de la place réelle et fantasmatique que le parent âgé occupe dans son fonctionnement. S'il est clair que la qualité de l'écoute conditionne le matériel recueilli, cette dernière doit se faire sur fond d'hypothèses théoriques, faute de quoi nous n'aurons qu'une mosaïque d'impressions et d'observations inutilisables.

L'observation et l'écoute du groupe familial nous apportent trois ordres de données.

En premier lieu, c'est ce que l'on en perçoit : comment chacun s'assoit-il, à quelle distance du parent et du thérapeute, en position de retrait ou en captant le champ visuel de tel participant ? La place qui échoit au parent se situe-t-elle au sein du groupe familial ou dans sa marge, ou encore l'isole-t-elle des autres ? Quel membre de la famille se tient-il à son côté ?

Ce sont ensuite des paroles où la place respective des représentations de choses et de mots a une importance particulière, selon que le discours familial est centré sur la description de symptômes ou d'événements, dans une sorte d'accrochage à la réalité extérieure (*cf.* observation 12), ou qu'il exprime plutôt les plaintes ou la souffrance psychique de chacun. On notera de quelle manière la famille écoute et investit les paroles de son parent, si les mots ont nécessairement le même sens pour tous ou si les uns peuvent les entendre différemment des autres, ainsi que la manière dont on passe des choses aux mots, c'est-à-dire les capacités associatives du groupe.

Enfin, ce sont des affects à tonalité anxieuse ou dépressive, parfois des gestes de tendresse ou de consolation, dont le moment d'apparition est aussi significatif que le contenu proprement dit. Quand la famille se caractérise au contraire par l'absence d'angoisse et de silence, sur fond d'objectivation et de mise à distance de toute expression émotionnelle, c'est souvent le symptôme du parent qui se fait le porte-parole de la vie affective et de la réalité intérieure du groupe.

Cette écoute doit être dynamique. Au premier entretien, la famille tend à se conformer à ce qu'elle suppose qu'il est attendu d'elle dans une situation médicale classique. Autrement dit, elle n'est pas toujours prête à libérer immédiatement ses pensées et ses émotions ; et nous devrons aussi en tenir compte dans notre écoute.

Observation 12 : Henriette

Sur le conseil de son médecin traitant, la fille d'Henriette prend rendez-vous pour sa mère, âgée de 73 ans, et cette dernière se présente à la consultation accompagnée de son mari et de sa fille. Quand je la reçois, d'abord seule, Henriette établit facilement le contact mais montre immédiatement d'importants troubles phasiques altérant son expression et sa compréhension. Elle vient, répond-elle, parce qu'un déménagement remontant à trois ans « lui a perdu la tête. Autrement ça va », et elle ajoute immédiatement qu'elle a travaillé pendant 45 ans. Je parle de ses parents : sa mère est morte « parce qu'on était trop nombreux ».

Invités à nous rejoindre, son mari et sa fille s'asseyent de part et d'autre d'Henriette. Sa fille ne lui connaît pas d'autre antécédent qu'une arythmie cardiaque, mais sa mère a perdu dix kilos en un an, elle n'a plus envie de cuisiner et elle a perdu le goût des aliments. Lorsque je demande à Henriette s'il lui arrive d'avoir des idées noires, sa fille m'apprend que sa mère a perdu une sœur qui s'est jetée dans le Rhône en 1941, à l'âge de 40 ans, « mais pour des raisons familiales, pas de santé, parce que son mari la trompait ». Sa mère a toujours été active, maintenant elle s'ennuie et elle voudrait travailler. Quant à ses troubles des fonctions supérieures, sa mère a toujours eu des inversions de mots. Le mari d'Henriette prend la parole pour dire à son tour qu'elle est ainsi parce qu'elle s'ennuie, ajoutant que son beau-père « disait toujours ça : maintenant, je n'ai plus rien à faire, à quoi je sers ? » La fille d'Henriette précise que ce dernier est décédé à l'âge de 98 ans et « qu'ils sont tous vivants dans la famille », c'est-à-dire qu'en dehors de sa sœur qui s'est « supprimée », Henriette a encore sept sœurs et deux frères. Récemment, cependant, il lui est arrivé de ne pas reconnaître l'une de ces dernières.

Je prescris à Henriette un antidépresseur et lui propose de revenir dans quinze jours pour parler avec moi. À l'entretien suivant, elle commence par ces mots, « Pour parler », enchaînant : « Autrement, y a rien qui me manque. J'ai la maison, j'ai tout... Alors voilà... Il faudrait que je sorte, mais pour faire quoi ? Ça va... Je pourrais tricoter mais pour faire quoi ?... Avec mes sœurs, on faisait des jeux. Maintenant, mes sœurs sont toutes mariées, on peut pas être avec elles tout le temps, elles ont des enfants, des petits-enfants... »

Son mari et sa fille qui nous rejoignent trouvent Henriette beaucoup mieux mais, dit sa fille, « elle a toujours idée de partir ». Influencé sans aucun doute par l'accrochage à la réalité extérieure qui caractérise le discours familial, je comprends qu'Henriette a des idées de fugue. Mais, rectifie sa fille, il s'agit d'idées de suicide : « Aller entre quatre planches, tu me l'as encore dit tout à l'heure. » Et de répéter aussitôt « qu'ils sont tous vivants dans la famille ». Le mari d'Henriette parle d'une chute récente pour laquelle il a dû faire appel au concierge pour l'aider à ramasser sa femme. Mais elle cuisine, elle fait à manger « impeccable » et sa fille ajoute : « C'était bon ce que tu nous as fait hier à manger. » Henriette se borne à dire « Si le temps me dure... Voilà. »

La fille d'Henriette pense qu'il est important que sa mère revienne « pour parler. Je dis ça pour la rassurer, parce que pour elle cela veut dire qu'elle n'aura pas à se déshabiller, parce qu'elle est très pudique ».

D'un point de vue psychanalytique, la situation d'écoute et d'observation ne se limite pas à ses buts et à ses contenus manifestes. Elle fait interagir des inconscients, et les effets d'identification, de contre-identification, de collusion ou de court-circuit de cette rencontre seront à décrypter. Il est difficile d'en donner une analyse exhaustive, car une telle écoute est par définition ouverte en permanence sur l'inconnu et la surprise. Nous pouvons cependant y reconnaître deux niveaux.

Selon qu'il accepte ou qu'il ignore la participation de son inconscient à son écoute, le clinicien peut en exclure tous les effets contre-transférentiels des rapports de sexe et de génération. Examinant cette question au cours de la psychothérapie des patients âgés, Grotjahn (1955) a montré l'importance de l'âge du thérapeute et de l'analyse de son attitude envers ses propres parents. En se présentant en enfant soumis, il méconnaît les besoins de dépendance du patient qui cherche un objet identificatoire plus jeune et plus fort. Tandis qu'en se voulant au contraire plus âgé qu'il n'est en réalité, il attend du patient qu'il lui confirme une image innocente et désexualisée de lui-même.

Mais aux problèmes posés par l'écoute du patient âgé s'ajoutent ceux de l'écoute du groupe familial, incluant elle-même un troisième niveau, qui est la manière dont les membres de la famille s'écoutent les uns les autres. Si elle se révèle plus facile que celle du couple, par l'organisation générationnelle s'offrant ici d'emblée comme support aux identifications, l'écoute du groupe n'en comporte pas moins des effets spécifiques. Dans l'entretien familial, le clinicien est appelé à fonctionner comme un groupe, c'est-à-dire à retrouver en lui la groupalité de ses propres identifications familiales. Or son premier mouvement sera plutôt de s'identifier à telle ou telle génération, en fonction de son âge mais aussi de ses refoulements ou de ses clivages personnels.

L'écoute groupale se présente donc comme un mouvement régressif qui déconstruit momentanément nos identifications les plus achevées et nous fait retrouver des formes d'identification primaires où le moi perd ses limites habituelles. Nous n'écoutons plus dans la position stable et différenciée du parent ou de l'enfant, mais comme si nous faisions partie d'un tout dont nous ressentons les attentes et les angoisses.

S'il surmonte sa propre défense contre la régression induite par la situation groupale, le clinicien connaîtra inévitablement des moments d'abattement ou d'élation, d'inhibition ou de reprise de ses processus associatifs, qui deviendront la séméiologie de son écoute intérieure. Ces expériences font qu'il n'est pas seulement souhaitable mais indispensable de parler de l'entretien avec un tiers, afin d'analyser ce que ces phénomènes induits par la famille révèlent du fonctionnement du groupe et de ses défenses. Cette reprise est aussi nécessaire pour ne pas évacuer ces contenus du champ de notre écoute, que pour éviter de les restituer, à notre insu, à la famille de manière inadéquate.

4. Le diagnostic structural

Plutôt que de proposer un plan d'investigation qui aurait immanquablement pour effet de figer notre écoute et notre travail associatif, nous préférons énumérer une série de points devant retenir l'attention au fur et à mesure qu'ils se présentent. Chacun d'eux comporte un aspect particulier de cette réalité que nous avons désignée comme l'intériorité du groupe familial.

La famille commence habituellement par nous parler de la maladie de son parent. Elle peut le faire d'une manière factuelle et hyperobjective, ou dans le déni et la projection, ou encore avec un halo d'angoisse et de culpabilité s'accompagnant de déplacements ou de contre-investissements névrotiques. Quand l'histoire de la maladie actuelle entre en résonance avec d'autres contenus familiaux, elle en sera soit immédiatement isolée, soit spontanément rapprochée. Parmi ces derniers figurent bien sûr les traumatismes anciens, mais aussi les somatisations passées et présentes du parent ainsi que des autres membres de la famille.

Les événements traumatiques du passé familial se présentent presque toujours dès le premier entretien. Ils ont une importance particulière, car, comme nous l'avons montré, ils sont au croisement du passé et du présent, de l'histoire et de la structure. On notera donc leur nature, leur répétition, les défenses qu'ils mobilisent parfois encore et leurs effets soit directs, soit à travers la manière dont la famille parle de l'atteinte actuelle de son parent.

La problématique de la séparation d'avec le parent engage les séparations et les deuils passés. L'expérience montre que la famille parle plus facilement de ses deuils que de ses séparations, surtout lorsque ces dernières ne sont réglées qu'en apparence. Le clinicien sera donc attentif à la place accordée aux membres absents mais aussi à la manière dont la famille investit notre propre écoute silencieuse.

Ces éléments seront considérés selon les trois critères topiques, économiques et dynamiques qui définissent l'organisation et le fonctionnement de la famille. Les deux premiers concernent la manière dont la famille s'investit comme un contenant en se donnant une représentation d'elle-même, de son espace, de ses liens et de leur devenir. De cette construction et de cet investissement découle ce qu'Eiguer (1987) nomme le sentiment d'appartenance familiale, en le définissant comme « un fantasme sur la nature intersubjective des liaisons entre membres d'une famille et se référant à un espace psychique et à une évolution historique commune ». Mais le sentiment d'appartenance a aussi un versant dynamique, c'est-à-dire qu'il est soumis aux mouvements de l'organisation et de la vie pulsionnelle familiale et qu'il reflète le style de ses défenses. Outre l'organisation de son espace fantasmatique et l'équilibre entre liens narcissiques et objectaux, l'investigation portera donc aussi sur la conflictualité qui caractérise la famille, le cas échéant par son absence.

À l'image du symptôme, les défenses familiales peuvent se situer au niveau intrapsychique, comportemental ou corporel. Une succession de mises à distance et de rapprochements, comme on peut en observer dans des familles qui font connaître à leur parent plusieurs changements de résidence, constitue une défense de comportement organisée pour faire face à l'angoisse de la séparation. Quand elles se placent au niveau du caractère, ce sont habituellement des défenses projectives qui assurent la survie du groupe : la famille met tous ses deuils passés sur le compte d'erreurs médicales, attaque les thérapeutes précédents du parent ou cristallise toutes ses craintes sur son entrée dans telle institution donnée qu'elle juge mauvaise. Il arrive encore que la famille évacue toute conflictualité en ramenant tous ses investissements autour du faux équilibre de la confusion des narcissismes individuels.

L'ensemble de ces données et de ces critères détermine une typologie familiale. Nous avons besoin d'un tel repérage pour organiser le contenu des entretiens mais aussi pour apprécier les possibilités évolutives de la famille. La typologie proposée par Eiguer (1987) nous semble adaptée à cette démarche. La distinction entre famille œdipienne, dépressive-anaclitique et psychotique est à la base du tableau suivant, qui s'inspire de ceux que cet auteur a présentés dans son ouvrage *La Parenté fantasmatique*.

Les organisateurs inconscients du processus de séparation entre le parent âgé et sa famille

Type de famille	*Œdipienne névrotique*	*Dépressive anaclitique*	*Psychotique*
Investissement de l'objet-parent	→ Comme un objet total. → Selon la bisexualité des positions œdipiennes admettant la différence des sexes et des générations.	→ Comme un objet partiel. → Par étayage ou complémentarité anaclitique.	Comme un objet non différencié ou n'existant que dans la symétrie de la spécularité narcissique primaire.
Investissement de l'objet-famille	Comme un objet total, ambivalent et conflictuel.	Comme un objet partiel ne pouvant qu'être alternativement bon ou mauvais.	Comme un pré-objet constitué sur le mode fusionnel, dans le déni de l'existence de ses membres comme personnes séparées.
Inter-fantasmatisation soutenant le sentiment d'appartenance familiale	Fantasmes originaires (séduction, castration et scène primitive).	Fantasmes de perte, d'abandon, d'appauvrissement ou de réparation réciproque.	Fantasmes d'interpénétration, de survie dans la symbiose ou d'anéantissement commun.
Topique familiale	Admettant et organisant une conflictualité interne par différenciation de ses contenus.	Restée dépendante du bon objet interne pour combler son vide ou son incomplétude. Différenciation inachevée.	Repose sur l'indifférenciation. Toute différenciation est une menace de morcellement, d'éclatement ou d'anéantissement.
Conflit et angoisse liée à la séparation	→ Ambivalence et culpabilité œdipiennes pouvant régresser jusqu'au conflit rétention-explusion. → Angoisse de castration et son prototype, la castration anale par séparation du boudin fécal.	→ Dépression liée à l'ambivalence orale. → Angoisse d'avoir épuisé le bon objet, de l'avoir détruit en l'incorporant ou d'être abandonné par lui.	Position pré-ambivalente, angoisse schizo-paranoïde de persécution ou de morcellement, d'éclatement ou de mort collective.

Ce modèle appelle toutefois une mise en garde. Comme Eiguer le note lui-même, nous pouvons rencontrer des familles présentant des traits régressifs alors qu'elles fonctionnent habituellement d'une manière plus harmonieuse. Il faut distinguer une famille régressant sous l'effet d'une crise qui déborde momentanément une position œdipienne acquise, d'une famille fonctionnant ainsi parce qu'elle n'a jamais atteint un autre niveau. Le diagnostic structural requiert donc tout au long de l'entretien une attention particulière à certaines qualités des défenses : leur richesse ou leur exclusivité, leur rigidité ou leur souplesse. Ce sont autant d'indices des ressources topiques et économiques de l'organisation familiale, c'est-à-dire de leurs possibilités de mobilisation et de réorganisation.

5. LES INTERVENTIONS PENDANT L'ENTRETIEN FAMILIAL

Les interventions du clinicien pendant l'entretien familial peuvent se classer en trois groupes.

- *Les interventions d'investigation.* Leur but est de parvenir à faire préciser un point important : le moment d'apparition ou de disparition d'un symptôme, ou ce qu'il rappelle du passé familial, y compris pour la génération des parents du parent dont on ne parle pas toujours spontanément.
- *Les interventions de soutien.* Elles reprennent une expérience ou un affect partagé par tout le groupe : la déception, la tristesse ou l'inquiétude devant la maladie, le plaisir d'une réunion de famille où le parent s'est montré tout à fait adapté et détendu... Elles permettent notamment, à un moment choisi, de soutenir l'investissement réciproque du parent et de la famille.
- *Les interventions à visée plus psychothérapique.* Elles consistent à verbaliser l'ambivalence, expliciter la conflictualité interne du groupe, mettre en parole une pensée ou un affect dont le surgissement paraît faire obstacle à la suite de l'entretien... Mais en se gardant d'interpréter, c'est-à-dire en ayant toujours à l'esprit les défenses ébranlées par la crise et le souci de les respecter. Nous sommes dans un contexte où il convient plutôt d'étayer la topique et le fonctionnement familial alors menacé par les symptômes du parent.

Dans cette démarche, le moment de l'intervention compte autant que son contenu. Une question du clinicien ne prend pas le même sens selon ce qui vient d'être exprimé par le parent ou ses enfants de leur souffrance ou de leur conflit : ils la recevront alors soit comme un encouragement à parler plus librement, soit comme un interdit. En outre, l'intervention reflétera toujours l'état de l'écoute intérieure du clinicien et ses éventuelles difficultés.

Si l'investigation clinique mobilise autant la famille et son observateur, c'est parce que l'entretien engage de part et d'autre des attentes qui ne sont pas toutes présentes à la conscience de ses protagonistes. Nous allons les étudier en nous plaçant dans le cadre plus large de la consultation thérapeutique.

Chapitre 7

LES DYNAMIQUES DE LA CONSULTATION FAMILIALE

À la différence de l'entretien familial, qui peut être systématiquement réalisé dans un but d'évaluation, le terme de consultation introduit, sinon l'idée d'un traitement, du moins celle d'une demande émanant de la famille ou d'un de ses membres s'adressant à nous avec une attente particulière. En contrepartie, nous sommes libres de l'accepter ou de l'orienter sur un tiers, si nous jugeons par exemple que notre place dans le dispositif de soin ou auprès du parent ne nous permet pas d'y répondre.

La consultation familiale comprend plusieurs niveaux. Comme toute demande, elle implique d'abord une investigation clinique, destinée à décrypter ses contenus manifestes et latents, aussi bien individuels que familiaux. Elle constitue aussi une expérience originale se définissant notamment par son caractère régressif et qui donnera lieu à un certain travail d'ajustement des attentes réciproques de la famille et du clinicien. Enfin, partant de la réalité, elle y reconduit nécessairement l'une et l'autre puisqu'ils auront en fin d'entretien à prendre une décision : va-t-on engager quelque chose avec cette famille ou prendre en charge individuellement son parent ? Décidera-t-on simplement de se revoir si la famille l'estime à nouveau nécessaire ou va-t-on en rester définitivement là, en l'adressant le cas échéant à l'assistante sociale ?

Cette décision résultera de part et d'autre d'une série de facteurs appartenant les uns à la réalité matérielle (disponibilité, éloignement), les autres à la mise en fantasme de la relation au cours de la consultation. Ces derniers peuvent être référés au transfert et au contre-transfert mais l'usage extensif de ces notions nous paraît impropre hors du cadre et du processus définissant la thérapie familiale proprement dite. Aussi, pour ne pas créer de confusion entre la dynamique de la consultation et celle d'un travail psychothérapique d'inspiration psychanalytique, préférons-nous utiliser ici les termes d'attente et de contre-attente pour désigner les positions de base de la famille et du clinicien, ainsi que leurs ajustements successifs.

En partant des attentes manifestes et latentes de la famille, nous tenterons d'analyser comment s'organisent la régression, la réparation et la séparation dans le cadre de la consultation familiale.

1. LES ATTENTES DU GROUPE FAMILIAL

La famille ne demande pas à consulter avec son parent sans s'être donnée certaines représentations de ce qu'elle attend du clinicien-thérapeute. Elle vient habituellement pour nous parler des symptômes de son parent et de la souffrance de son entourage, en nous adressant de manière plus ou moins explicite une double demande : que nous amendions les troubles avec lesquels elle est aux prises, mais sans rien changer aux relations familiales qu'il s'agit au contraire de préserver.

Dans l'imaginaire familial, le consultant est d'abord celui qui va consolider ou restaurer l'idéal et la fonction thérapeutique du groupe. Comme nous l'avons déjà montré, il est difficile pour la famille de renoncer à la représentation traditionnelle du vieillard dépendant assisté jusqu'au bout par les siens et cet appel à un tiers est tout à la fois vécu comme le dernier recours et la sanction d'un échec qu'il faut réparer.

La famille est donc disposée à se placer à son tour avec nous dans une situation de dépendance absolue, en prétendant que nous seuls pouvons encore faire quelque chose pour éviter les conséquences funestes d'un placement ou l'hospitalisation imminente du conjoint du parent malade. Mais cette attente, aussi impérieuse qu'imprécise

– car, à ce point de la crise, l'entourage est encore incapable de différencier les issues qui s'offrent à lui –, va bien au-delà de ces questions immédiates.

Une telle attente est caractéristique de l'état actuel de la topique familiale mise à mal par la crise. Elle montre comment les sentiments d'omnipotence sont projetés sur le thérapeute et comme mis à l'abri dans sa personne. En s'adressant à nous, les enfants espèrent encore pouvoir garder intact un parent idéal, garant d'une certaine image du groupe et de chacun de ses membres ; tandis que le parent, lui, n'a pas encore renoncé à retrouver en eux les bons enfants capables de lui épargner l'épreuve de la séparation. La consultation montrera une psyché familiale ayant besoin de passer par un objet extérieur soit pour avoir accès à elle-même (par un mécanisme d'identification projective « conservatrice » au consultant idéalisé), soit pour se reconstituer dans le clivage (par identification projective « éliminatrice » au consultant auquel est demandé le placement d'urgence du parent et, avec lui, des pensées intolérables s'y rapportant).

Ces projections vont induire chez le consultant des contre-attitudes dont les plus caractéristiques revêtent la forme d'un dilemme. Momentanément dépositaire de l'idéal aussi bien que des « mauvais » contenus familiaux, mais ayant aussi son propre idéal de thérapeute, faisant la double épreuve de l'impuissance de la famille et de la détresse de son parent, il connaît à la fois le désir de soutenir ensemble parent et enfants, comme s'il appartenait à cette famille, et celui de les séparer. Car ses propres réactions émotionnelles à l'hostilité souvent déniée et projetée par le groupe lui font aussi désirer écarter parents et enfants les uns des autres pour les protéger de leurs attaques réciproques et apaiser ainsi sa propre angoisse. À la différence du classique « dilemme de l'accoucheur » (sauver la mère ou l'enfant), l'épreuve du consultant se complique en effet de son identification au groupe familial qui lui fait momentanément partager son désir de régression fusionnelle (*cf.* l'observation n° 5).

Tous les gériatres et les géronto-psychiatres connaissent ce faux dilemme : réparer l'unité de la famille en crise ou permettre aux uns et aux autres de se séparer, écourter l'épreuve que le parent fait subir à la famille ou abriter ce dernier de l'hostilité parfois manifeste des siens. On peut y voir l'effet de messages paradoxaux envoyés par le groupe soumis aux puissants enjeux narcissiques d'une situation dans laquelle chacun s'investit tour à tour du pouvoir de préserver la famille idéale ou de l'amputer par une séparation-rejet. Mais ces contre-attitudes nous semblent aussi révélatrices de la dynamique interne de la consultation qui s'organise selon deux mouvements apparemment contradictoires : la régression dans le passé familial et la progression vers son avenir, vécus le premier comme perdu, le second comme conflictuel ou irreprésentable.

2. LES EFFETS RÉGRESSIFS DE LA CONSULTATION

Pendant la consultation, famille et thérapeute vont momentanément partager un temps et un espace communs dont la construction représente un premier niveau de régression. L'entretien a une fonction spatialisante en ce qu'il offre à la famille un espace de rapprochement physique : des enfants vivant parfois éloignés les uns des autres décident de se réunir avec leur parent pour consulter ensemble un thérapeute. Ce cadre mobilise aussi la dimension temporelle dans un sens régressif puisqu'il rapproche des êtres et des générations que la vie (ou la mort, quand ils parlent des ancêtres) a séparés.

Or il n'est jamais anodin d'organiser une rencontre inter-générationnelle, à plus forte raison si l'on s'adresse au groupe familial en ces termes : « Ici, on s'intéresse à ce que tous et chacun vous pensez de la situation, sans chercher si cela est bon ou non mais plutôt ce que cela aurait à voir avec votre famille. » Un tel énoncé, déroutant pour la famille qui s'attendait à discuter et à évaluer avec nous « des solutions », amorce une régression de l'acte à la pensée. La régression dont il s'agit ici consiste plus exactement à désinvestir momentanément un certain fonctionnement psychique, centré sur la gestion de la réalité, au profit des pensées et de la vie fantasmatique.

Il s'opère enfin, à un troisième niveau, une régression de l'individuel au groupal : les interactions et les différences interindividuelles sur lesquelles elles se fondent tendent à s'effacer devant une série de phénomènes de l'ordre de l'unification ou de la fusion dans un appareil à penser commun. Le tempo de cette régression varie d'une famille à l'autre, selon l'aptitude ou la résistance de ses membres à se reconnaître des fantasmes et des affects communs ou complémentaires.

Cette régression, induite par l'écoute groupale du consultant mais aussi par l'attention que la famille va porter à ce qui se dit en son sein, constitue un temps important de reconstruction de la topique et du fonctionnement familial. Mais si nécessaire soit-elle pour réparer le narcissisme du groupe, la régression ne saurait constituer une fin en soi, car, prise isolément, sans le temps objectal qui est son complément nécessaire, elle comporte des limites, voire des risques.

3. DE LA RÉPARATION NARCISSIQUE À LA SÉPARATION OBJECTALE

La consultation répare le narcissique familial par le relai d'un moment d'illusion groupale. Dans sa conception psychanalytique de la vie groupale, Anzieu (1975) désigne ainsi « certains moments d'euphorie fusionnelle où tous les membres du groupe se sentent bien ensemble et se réjouissent de faire un bon groupe ». La création d'un espace et d'un temps d'illusion commune est ici activée par toute une série de facteurs.

Dans la crise conduisant la famille à la consultation, l'entourage du dément éprouve comme lui des moments de confusion où il est incapable de comprendre le sens de la conduite et des paroles du parent, ni de décider de ce qui serait bon ou mauvais pour lui. Au cours de ces épisodes de destructuration de ses défenses, le groupe se montre très réceptif à tout ce qui peut lui permettre de sortir de la confusion par un clivage rétablissant les limites du bon et du mauvais, comme du soi et du non-soi familial. En écho aux idées de préjudice du parent, on pourra ainsi voir les enfants adopter un bouc émissaire extérieur à la famille.

Il est aussi un fait bien connu des cliniciens pratiquant ce type d'entretien : la réunion de la famille autour du parent dément améliore souvent de manière momentanée mais spectaculaire les capacités de compréhension, d'expression et d'évocation de ce dernier. Il n'est pas rare que les enfants disent alors qu'ils ont retrouvé leur parent et, du même coup, l'espoir qu'il guérisse. Or, de même que le retour du plaisir de dialoguer avec le parent ne supprime pas ses déficits, le plaisir de l'illusion groupale ne doit pas non plus faire perdre de vue les désillusions jalonnant le travail de la séparation.

Rappelons enfin qu'à travers la séparation actuelle, c'est avec toutes les séparations passées que la famille a rendez-vous. La situation présente réactive donc aussi les clivages et les dénis que la famille a pu installer pour ne pas éprouver les affects liés au deuil ou à l'absence. Ces mécanismes de défense trouvent alors à s'étayer sur la réalité matérielle de la réunion familiale qui vient comme démentir cette autre réalité.

Dans ce mouvement de réorganisation autour d'une position en quelque sorte anticonflictuelle, le thérapeute devient celui qui partage l'illusion du groupe ou qui la refuse en parlant de changement et de séparation. Or le faux dilemme que nous venons d'évoquer nous semble directement issu de ce moment d'illusion groupale dont il reflète la constitution en même temps que les limites. Devrions-nous à notre tour nous placer en bon thérapeute, garantissant le bon choix de la famille et rejetant tout ce qui pourrait discréditer les illusions du groupe ?

Ainsi conçu, le dilemme du thérapeute devient le révélateur de la problématique à laquelle la famille se trouve confrontée. De même que nous sommes dans l'impossibilité de réaliser notre idéal thérapeutique au moment où il se trouve le plus sollicité, de même parent et enfants ont à accomplir un renoncement analogue vis-à-vis d'une illusion qui fait partie d'eux-mêmes mais qui est néanmoins irréalisable. En ce sens, le paradoxe de la consultation serait qu'elle active une illusion à seule fin que la famille éprouve comme sien ce qu'elle est appelée à perdre. Sous couvert de ce mouvement d'illusion, nous pourrons alors aborder ce qu'il est question de refuser, de rejeter ou de nier comme des contenus faisant partie du soi familial au même titre que ce qu'elle craint le plus de perdre.

En encourageant l'expression des affects liés aux symptômes, à leur incompréhension et au défaut d'empathie avec le parent, nous montrons d'abord que nous acceptons ces sentiments souvent vécus comme honteux et que nous pouvons les reprendre et les élaborer ensemble. La verbalisation de l'impuissance ou de la détresse des enfants face au parent les aide aussi à reconnaître et à accepter ce que Winnicott (1947) nomme « la haine objective », à propos de certaines situations où l'enfant ne peut croire qu'il est réellement aimé qu'après avoir senti qu'il pouvait être haï. Pour cela, nous pouvons prendre appui sur les sentiments de persécution qui sont rarement absents du temps narcissique précédent, ou encore passer par la génération disparue dont l'évocation enrichira les contenus de la réalité interne du groupe en même temps qu'elle apportera des éléments de conflictualisation. Car il est souvent plus facile de parler des difficultés que le parent a connues jadis avec ses propres parents que des motifs de ressentiment que l'on peut avoir envers le parent présent.

Ce travail d'appropriation de la haine et des fantasmes mortifères permet d'entrer, sinon dans un véritable conflit, du moins dans une première forme de différenciation et d'altérité indispensable à l'élaboration de la perte à venir du parent. Car aucun processus de séparation psychique ne peut s'engager tant que la famille n'accepte pas l'épreuve de la coexistence en son sein de l'amour et de la haine.

Observation 13 : Antonia (suite)

Un mois après la consultation de Mme B. pour sa mère Antonia (*cf.* observation n° 5), elle demande un nouveau rendez-vous, cette fois pour la famille. Rappelons que Mme B. est la dernière d'une fratrie de neuf enfants : l'aîné Marc est décédé en 1980 à l'âge de 44 ans ; la suivante, Françoise, est morte d'un cancer en 1994 ; viennent ensuite Josette, Bernard, Paul, Édouard chez qui on vient de diagnostiquer un cancer, Édith, Bruno et Claire (Mme B). Avec cette dernière sont aujourd'hui présents Josette et son mari, Paul, la femme de Bruno et leur mère Antonia.

Après un tour de présentation, Josette énumère les absents : Édith qui vit dans un autre département, Bernard et Bruno, qui n'ont pas pu se libérer, et Édouard, actuellement hospitalisé pour trois jours de chimiothérapie. « On n'a pas insisté, le moral n'est pas facile à apprécier. Mais il faut qu'il soit toujours informé de ce qui se décide pour la maman », dit le mari de Josette, sur un ton très défensif. Sa femme me demande « si je peux me déranger », c'est-à-dire si cet entretien pourrait avoir lieu chez Antonia.

Je prends des nouvelles d'Antonia, qui répond qu'elle va bien. Josette explique qu'elle vient d'être hospitalisée trois semaines « pour faire baisser son diabète ». Peut-être aussi la famille ne voulait-elle pas qu'elle reste toute seule ? « Quand on a beaucoup d'enfants, on ne se sent jamais toute seule », répond Antonia. « Là, il n'y en a plus que sept », observe Paul. Sa mère rit, disant que ses gendres et ses belles-filles sont aussi gentils.

Qu'est-ce que cela représente pour la famille « rester seul » ? Josette répond que, lorsque sa mère dort chez elle, « dès qu'elle reste seule une minute, c'est comme l'éternité. Elle n'a pas le sens du temps. Elle veut sans cesse de la compagnie, entendre sa voix, voir la nuit la lampe du couloir. Sinon elle se panique et dit : Je croyais que tu m'avais laissée ». Elle raconte comment, la voyant endormie, elle l'a quittée un instant pour étendre du linge et l'a trouvée à son retour assise, les yeux grands ouverts et angoissée, alors qu'elle s'endort quand elle la regarde repasser. Depuis sa sortie de l'hôpital, sa mère est perdue : « Chez elle, tout l'après-midi elle demande : Je suis où ? Où je vais manger ? Où je vais dormir ? Et ma piqûre ? » « Il s'agit de son insuline », explique le mari de Josette, qui nous montre le carnet où sont relevées les injections, pendant que sa femme continue de parler des oublis d'Antonia.

Je demande aux deux filles présentes comment elles ont fait autrefois la nuit avec leurs jeunes enfants, et c'est encore Josette qui répond : jusqu'à l'âge de 5 ans, tous ses enfants ont dormi dans la chambre des parents, à côté de leur lit, et elle fait pareil maintenant avec ses petits-enfants « parce qu'on est une famille très proche, très unie ». Son mari m'interroge sur ce qui provoque les questions sans cesse répétées d'Antonia, puis il sort un porte-monnaie qu'il a garni d'argent à l'intention de sa belle-mère ainsi qu'une liste de quatre réponses qu'il a rédigées afin qu'elle puisse les relire à loisir.

Que pense Antonia de tout cela ? « C'est beaucoup... Tout le monde s'intéresse... Tout le monde est gentil ». Pourtant, à travers ses questions et son angoisse, ne cherche-t-elle pas quelque chose ou quelqu'un ? Josette et sa dernière sœur rappellent que leur père est décédé en 1956, quand la dernière n'avait que 3 ans, et ajoutent que leur mère se trouvait alors hospitalisée pour un curetage après plusieurs fausses couches. Leur père, buveur, est mort de décompensation œdémato-ascitique, mais les enfants parlent aussi d'une intoxication professionnelle : « Ils lui ont trouvé de la soude caustique dans le sang. C'est une ponction dix jours avant sa mort qui l'a tué parce qu'il a été mal piqué... En voyant Édouard, vous voyez le père. » Les médecins avaient dit que leur père s'en sortirait « parce qu'il avait une force de lion. En fait, enchaîne Paul, il est sorti vivant de l'hôpital et mort dans l'ambulance. Autrement on serait onze, avec les mort-nés, sans compter les fausses couches ». Et Josette d'ajouter qu'elle a vu un des bébés mort-nés.

Le gendre dit que le gériatre a comparé l'état de sa belle-mère à quelqu'un d'ivre et mis son agitation anxieuse sur le compte de son diabète. « Elle a été aussi un peu violentée. » Je lui demande ce qu'il veut dire ;

sa femme et Claire répondent : « La famille d'Édouard avait d'autres problèmes en tête, alors elle a été heurtée par les réponses... »

Le mari de Josette est impatient de nous montrer le planning de garde familiale qu'il a établi « pour sécuriser sa belle-mère minute par minute, pour qu'il n'y ait pas une minute de rupture, afin de ne pas générer une peur ou n'importe quoi... ». Grâce à l'assistante sociale du centre (qu'il désigne par son prénom, comme si elle était entrée dans la famille), sa belle-mère a une visite infirmière matin et soir, la toilette tous les deux jours et les repas à domicile. Il enchaîne avec toute une série d'établissements auxquels il a demandé des informations, expliquant qu'au retour d'Antonia tous les frères et sœurs se sont réunis chez lui et ont décidé de ne pas la prendre à tour de rôle. Il répète que le planning est fait pour 25 jours.

Je demande à Antonia comment elle voit la situation, elle répond : « Si un jour il y a un de mes enfants qui ne rentre pas, cela ne fait rien. Je les connais, j'ai confiance, on s'aime. » L'un d'eux reformule ma question, elle répond alors : « Je comprends que j'ai des enfants qui savent ce qui est bon pour moi », et elle reprend les noms des établissements cités par son gendre. La femme de son fils Bruno conteste alors le planning, disant qu'elle préférerait prendre sa belle-mère chez elle et que cela ne l'empêcherait pas de faire son travail.

Je propose à la famille de reprendre rendez-vous lorsque l'entrée d'Antonia en résidence sera prévue.

• *Le deuxième entretien* a lieu quinze jours après. Avec Antonia sont présents Édith, Édouard, Gérard, Bruno et Claire qui nous rejoindra un peu plus tard. Édith commence en disant : « Maman ne peut plus rester seule et mon frère Édouard est fatigué. » Elle évoque le planning des jours et des nuits établi par son beau-frère (mais sans le citer) et nous apprend que sa mère a visité la résidence la semaine dernière. Elle doit y entrer après-demain.

Arrive Claire : « Là vous connaissez toute la famille ! » Antonia dit que la maison est bien, ajoutant : « J'aimerais y entrer si on me laisse entrer. » Édith enchaîne en rappelant que la résidence n'ouvre qu'aujourd'hui et qu'il y avait encore les ouvriers quand sa mère l'a visitée. Bruno évoque le cadre champêtre de la résidence et Édouard répond : « Les bois et la fenêtre sur la campagne, à quoi bon à cet âge ! » Pour Claire, ce qui compte c'est la compagnie. « C'est vous qui la suivrez ? » me demande Édith.

La compagnie m'évoque le vide que le départ d'Antonia va créer dans la cour pour la famille d'Édouard, et ce dernier acquiesce. « La famille fait toujours la garde, rappelle Édith, sinon elle demande sans cesse à Édouard et à sa fille. » Édouard explique : « Avant, elle ne faisait que ça, elle tapait sans arrêt à la porte, elle demandait après ma femme et mes enfants. Pendant deux ans, j'ai demandé un coup de main à mes frères et sœurs et ce n'est pas venu. Je suis resté deux étés sans partir en vacances. Il a fallu que j'aie ce cancer pour que mes frères et sœurs prennent conscience de la situation. » Antonia n'a pas semblé réagir au mot cancer mais elle dit qu'elle trouve Édouard fatigué.

Après un silence, ses sœurs reprennent la parole : il faudra faire un planning des visites à la résidence parce que leur mère a peur dès qu'on la laisse seule. « Elle a peur, vous croyez ? », leur demande Bruno. Claire répond : « On est tous angoissés dans la famille » et rappelle que sa mère réclame de la lumière la nuit, se relève pour ouvrir les verrous, « peut-être pour ne pas manquer la visite de l'infirmière qui lui fait sa piqûre d'insuline ». Pendant un long moment, les enfants parlent de leurs difficultés pour équilibrer le diabète de leur mère, puis chacun à leur tour de ses préférences alimentaires, concluant tous ensemble que son plat préféré est un quignon de pain avec un verre d'eau. « Oui, observe Antonia, c'est vraiment un régal ! »

Les enfants souhaitent revenir avec leur mère dans quelque temps, lorsqu'elle se sera adaptée à sa résidence. Et Antonia parle d'elle-même du besoin qu'elle aura de s'adapter à la maison où elle va entrer. Elle est aussi d'accord pour revenir encore une fois parler ici ensemble.

• *Le troisième entretien* se place en fait six mois plus tard. Claire l'a demandé parce que son frère Édouard fait des difficultés pour maintenir leur mère dans la résidence où elle est entre-temps entrée. J'accepte de la recevoir avec ses frères et sœurs, en précisant qu'Édouard doit aussi venir. Mais avec elle sont seulement présents Bernard et sa femme ainsi que Josette et son mari.

Claire explique qu'Édouard ne veut plus payer sa part de l'hébergement de leur mère parce qu'il a l'intention de l'installer dans une autre résidence, moins chère et plus près de chez lui. Bernard et Josette ajoutent qu'un voisin et ami d'Édouard a pris fait et cause pour lui, qu'il menace de faire une pétition et de couvrir le quartier d'affiches. « On ne voudrait pas que des personnes viennent casser tout ce qu'on a fait. »

Je demande des nouvelles de la santé d'Édouard : « On lui a dit la dernière fois "Monsieur vous êtes guéri." Ses cheveux ont repoussé, il se sent pratiquement comme avant ». Josette intervient pour dire qu'en fait, Édouard ne s'occupait pas de sa mère lorsqu'elle vivait dans la même cour que lui, ce que conteste Bernard. J'interviens pour dire qu'Édouard a peut-être aussi besoin de prendre cette initiative pour réparer quelque chose au nom de toute la famille.

Chacun donne alors tour à tour son avis sur l'état de santé d'Édouard et sur son caractère. Pour les uns, il a confiance en eux, pour les autres il s'en méfie. Bernard, le frère aîné qui gère actuellement les comptes de sa mère, conclut qu'il a confiance en Édouard et qu'il s'estime capable de le ramener à la raison. Josette lui suggère cependant de faire une démarche pour l'ouverture d'une tutelle. Les frères et sœurs se séparent de nous en pensant qu'ils pourront en rester là.

• *Commentaires*

Ces consultations pourraient constituer un contre-exemple de thérapie familiale psychanalytique puisque ni le cadre ni la règle de cette dernière n'ont été ici imposés à la famille. Elle n'y a jamais été présente dans son entier ; le premier entretien a été individuel et le dernier s'est fait sans le parent (ce qui ne m'est pas apparu en contradiction avec ma règle de ne pas recevoir les enfants sans le parent, car il n'a jamais été question pour moi de suivre Antonia individuellement et encore moins six mois après son entrée en résidence). Cependant, ces consultations familiales illustrent bien la situation du thérapeute et les questions qui se posent à lui.

1. Dans le premier entretien, on relève d'abord la place des étayages face à l'angoisse de perte d'objet (la famille soutenant la mère pour étayer sa propre image de groupe conservant tous ses membres). Du point de vue diagnostic, elle apparaît comme une famille dépressive-anaclitique craignant ce ne pas pouvoir conserver ses bons objets. La décompensation d'Antonia se produit lorsque Édouard tombe malade, c'est-à-dire, pour elle, dans un moment de désétayage. L'une et l'autre induisent un mouvement de régression fusionnelle dans lequel la famille tente de m'inclure : je pourrais faire un avec le groupe, en validant par exemple le planning préparé par les enfants pour sécuriser leur mère et apaiser leur propre angoisse.

2. Du point de vue dynamique, les symptômes d'Antonia et les propos d'Édouard se relayent pour mettre en cause l'idéal du groupe. Édouard dénonce les mauvais frères et sœurs, et menace de s'approprier la bonne mère, tandis que sa guérison magique consoliderait l'illusion groupale en péril. Dans la deuxième consultation, Antonia est présentée par la famille comme celle qui porte l'angoisse liée à la séparation, avec sa peur du noir et ses appels à la dépendance. Or, en disant à ses enfants qu'elle accepte l'idée de partir, elle montre non seulement qu'elle leur fait confiance mais aussi qu'elle est capable de se différencier du groupe et de parler en personne séparée.

3. Vis-à-vis de ses deuils passés, la famille identifie Édouard au père disparu, au point d'en faire presque un revenant. Au troisième entretien, dont il est précisément absent, il apparaît comme une figure ambivalente qui relance la question de la séparation, comme si, à travers lui, l'inachèvement de la séparation actuelle s'emboîtait avec l'inachèvement des deuils passés. Il s'était présenté comme celui qui avait jusqu'ici répondu tout seul à l'angoisse de perte d'objet de sa mère et qui payait aujourd'hui de son cancer ce rôle d'objet de remplacement. Autrement dit, dans ce dernier entretien, ses frères et sœurs passent par lui pour travailler leur propre ambivalence par rapport au placement de leur mère et vraisemblablement, à travers elle, vis-à-vis des objets perdus. Il est alors permis de se demander si, en répondant à Mme B. que je voulais encore une fois réunir toute la famille, je n'aurais pas plutôt réactivé l'illusion groupale.

4. LA PRATIQUE DES CONSULTATIONS FAMILIALES

Comme la triade régression-réparation-séparation, la distinction de deux temps narcissiques et objectaux schématise un processus qui ne se donne jamais d'une manière aussi simple. En réalité, ces deux temps se présentent plutôt comme deux courants réclamant une écoute constante et parallèle, en choisissant le moment de reprendre chacun d'eux. On ne saurait donc donner un modèle à cette conduite qui varie nécessairement avec chaque famille. Nous devons en revanche attirer l'attention sur le fait que notre travail n'est jamais purement fantasmatique et que l'étayage de la famille ou, au contraire, la mise en alerte de ses défenses peuvent avoir des effets hors du cadre impliquant notre responsabilité. Nous ignorons, par exemple, les conséquences qu'a pu avoir pour Édouard le fait de recevoir une partie de ses frères et sœurs sans lui.

1. Si, dans la psychothérapie individuelle, la réparation narcissique ne comporte *a priori* aucun risque, il n'en va pas de même lorsque nous travaillons avec une famille dont il est exceptionnel que tous les

membres soient d'emblée réunis. Nous n'avons donc pas seulement affaire à la famille fantasmatique mais aussi à la famille réelle, qui ne se limite quasiment jamais au groupe participant à la consultation. À travers l'illusion groupale, la consultation active un fantasme originaire où les membres présents se vivent avec le thérapeute comme ceux qui recréent la famille et la maintiennent en vie. Or, de même qu'il y a aux origines de la famille deux parents de sexe différent, son devenir actuel implique souvent des absents.

La consultation risque ainsi de fonctionner comme une couverture anticonflictuelle restructurant le narcissisme du groupe présent autour d'une série de dénis et de clivages, et servant de caution à l'externalisation des conflits sur des tiers absents, selon un mécanisme analogue au transfert latéral dans la cure analytique. D'où la règle de rappeler que les absents ont toujours leur place dans les entretiens, ce qui n'exclut pas non plus de ramener telle phrase visant un tiers dans le champ de la relation de la famille avec le thérapeute, sur le principe de l'analyse du transfert.

2. Une autre difficulté tient à ce que l'invitation à verbaliser les représentations et les affects est souvent reçue dans un premier temps comme angoissante et dangereuse. Il n'est pas facile non plus de renoncer à la satisfaction immédiate de la demande et cette frustration peut activer les sentiments de persécution du groupe : « Nous n'avons donc pas trouvé le bon thérapeute » ou « il nous considère comme trop mauvais pour répondre à nos demandes ». D'où un risque supplémentaire de passages à l'acte, sous forme de décisions intempestives.

En pratique, nous présentons cette consultation comme un travail préparatoire pouvant conduire à une série d'entretiens. Il importe de montrer à la famille que nous n'écartons pas les problèmes de réalité qu'elle nous apporte mais que nous nous donnons du temps, que la consultation comporte toujours un après-coup qu'il peut être intéressant pour eux comme pour nous de reprendre, tout en gardant à l'esprit que nous nous séparerons un jour. Il faudra donc rapidement penser à cette question et convenir avec la famille du rythme et de la durée de ces entretiens.

Dans sa réponse, la famille met souvent ce projet en balance avec une décision présentée comme urgente. Ce peut être une fuite devant le travail proposé, mais nous ne devons pas éviter nous-mêmes certains problèmes de réalité risquant de compromettre le bon déroulement d'un tel travail. Il est alors nécessaire de travailler en cothérapie avec un tiers, qui peut être le médecin généraliste cadrant une aide à domicile ou le psychiatre traitant individuellement le parent. C'est aussi pour nous une manière de signifier à la famille que nous ne sommes pas le thérapeute idéalement puissant capable de gérer tous les niveaux de réalité, surtout quand elle s'est montrée jusqu'ici en difficulté pour accepter ses propres limites.

3. Il importe enfin de montrer à la famille que nous avons confiance dans le travail que nous pouvons faire ensemble. C'est un moyen de renforcer l'investissement des pensées. C'est aussi une manière de rappeler à la famille que notre pratique se réfère à tout un arrière-plan d'ordre clinique et théorique. Cette référence, venant en quelque sorte se placer en position tierce entre la famille et nous, apaise les angoisses éveillées par les fantasmes de toute-puissance protectrice, réparatrice ou destructrice que la consultation active immanquablement de part et d'autre.

Chapitre 8

LES COUPLES ÂGÉS

En gériatrie, le problème du couple est toujours plus que la somme des problèmes du malade et de son conjoint. Il représente à lui seul un objet original qui interagit à la fois avec l'individuel et le groupal, dans la mesure où ce qui serait satisfaisant pour le couple ne l'est pas nécessairement pour chacun de ses membres pris individuellement ni pour leur entourage.

Vis-à-vis de la famille, le couple possède une histoire, un lien et un destin qui lui sont propres. Il tire son origine d'un choix extrafamilial, selon la loi de l'exogamie et de l'interdit de l'inceste. Le lien qui l'unit se fonde sur le corporel et la génitalité. Son destin ne suit pas non plus celui de la famille, car il est appelé à disparaître avec la mort d'un de ses membres, alors que la famille lui survivra.

Nous n'aborderons pas dans le présent ouvrage la thérapie du couple âgé mais les situations cliniques qui font intervenir le couple en tant qu'objet spécifique ayant sa réalité matérielle (son autonomie ou sa dépendance physique, ses besoins et ses ressources propres) et psychique (ce qu'il représente pour chacun de ses membres et pour leur entourage). Qu'il nous soit présenté comme la source d'une crise familiale ou qu'il se rappelle plus discrètement à nous par la décompensation du conjoint du parent malade, le couple a un espace et des dynamiques propres que nous ne pouvons ignorer. Toutefois, le plus difficile ne sera pas de les reconnaître mais de savoir comment en tenir compte dans le projet de soins.

1. LE VIEILLISSEMENT DU COUPLE

Du point de vue interindividuel, le couple est le lieu d'un investissement réciproque sur un double registre : objectal et narcissique. Pour chaque membre du couple, l'autre est celui qui satisfait les pulsions en procurant tour à tour plaisir et déplaisir, mais aussi celui dont il reçoit des identifications renforçant l'image et l'amour de soi. Nous allons voir comment le vieillissement retentit sur ces deux investissements.

Le plan objectal

Le couple âgé apparaît d'abord comme un couple qui a perdu la capacité de procréer. Mais ni l'amour ni la sexualité ne se limitent à faire des enfants. L'accession à la génitalité laisse ouvertes les voies de la sublimation (tendresse) aussi bien que de la régression (satisfaction des érotismes prégénitaux). Aux changements liés à la mise à la retraite (réduction ou perte des relations sociales, éloignement des enfants, repli sur la vie à deux) vont s'ajouter des transformations de l'investissement d'objet. Le retour en force des pulsions partielles, dans leur composante orale et anale, sera générateur de tension ou de souffrance. Un caractère sadique-anal trouvera son plaisir dans la rétention frustrant l'autre ; un caractère oral-passif se dédommagera des sevrages symboliques de l'âge par la recherche accrue des plaisirs de la table.

La vie conjugale engage en outre la bisexualité psychique de chacun des deux partenaires. À cet égard, au niveau génital, chaque sexe souffre de manquer dans son corps de quelque chose qu'il doit chercher chez l'autre. Bien que nos patients appartiennent à une génération pour laquelle les rôles masculins et féminins étaient bien différenciés, leur écoute nous confronte à cette bisexualité en tant qu'elle est remise en travail par le vieillissement du conjoint.

Mais, avant de s'organiser selon la différence des sexes, la bisexualité psychique se fonde sur le couple activité-passivité qui s'installe à la phase anale. Cette composante prégénitale va trouver à s'exprimer et à se satisfaire dans la dépendance du conjoint, l'épouse adoptant alors une conduite masculine et le mari la passivité féminine ou une attitude maternelle. Notons enfin que la bisexualité de chacun des conjoints se manifestera aussi dans son attente vis-à-vis du consultant, en fonction de son sexe et du rôle actif dont il est investi.

Le plan narcissique

La vieillesse est par excellence le temps du dévoilement des identifications qui ont gouverné l'existence, comme le montre la crise individuelle marquant l'arrivée ou le dépassement de l'âge auquel est mort le parent du même sexe. Dans le couple, elle voit aussi s'accomplir certaines des identifications inconscientes qui ont jadis dicté le choix marital mais sont restées jusqu'ici latentes. À la faveur des changements du physique, du caractère ou du comportement du conjoint se révèlent des aspects jusque-là insoupçonnés de ces identifications. Le choix œdipien du conjoint réunissant toujours des fantasmes d'identification à chacun des parents, l'âge ou la maladie dévoilent des attentes ou des déceptions, des attitudes de rivalité ou des désirs de vengeance visant à travers le conjoint un des parents. La prise de conscience et le refus de ce choix peuvent être à l'origine d'une séparation tardive.

Les couples fondés sur une relation d'étayage réciproque, dans laquelle chacun est dépositaire de ce qui manque à l'autre pour assurer son intégrité narcissique et le préserver de la dépression, seront les plus vulnérables aux conséquences du vieillissement. Toute atteinte du conjoint risque d'être vécue comme un désétayage traumatique. Nous avons observé quelques cas de femmes qui nous ont révélé dans ce contexte une séduction sexuelle infantile exercée par leur père, comme si le traumatisme de l'atteinte de leur mari répétait le traumatisme vécu dans leur enfance. Cette répétition fait aussi supposer que le conjoint défaillant portait jusqu'ici une identification à l'imago parentale séductrice.

Dans sa forme perverse, la clinique des couples narcissiques ne sera pas celle de la dépression mais de la violence physique ou psychique. Quant aux couples réunissant deux personnes mal différenciées qui n'ont jamais accédé à l'altérité, leur cas rejoint celui des dyades, dont nous parlerons plus loin.

Observation 14 : Aline

Malgré quelques incongruités de la présentation et du discours, Aline établit facilement le contact en nous expliquant qu'âgée de 72 ans, elle est hébergée depuis un mois par son fils parce qu'elle se trouve en instance de divorce. Elle est mariée depuis six ans à un homme de huit ans plus jeune qu'elle qui boit et qui la bat. Avec un vocabulaire primaire exclusivement concret, elle retrace une histoire familiale d'une grande pauvreté. Rapatriée du Maroc avec ses parents, elle a vécu auprès d'eux jusqu'à leur décès : « Mon père disait que je ne devais pas me marier pour rester faire le ménage. » Son fils, âgé de 34 ans et qui vit en concubinage, père de trois enfants, est né dans des circonstances qui restent floues, Aline se bornant à observer que son père n'était pas un homme intéressant.

Le fils et le mari d'Aline nous rejoignent alors. Le premier me dit que sa mère a toujours souffert de « séquelles de méningite », qu'actuellement elle déprime et parle de la mort, et qu'il ne peut l'héberger plus longtemps. Le second, un petit homme à la présentation aussi insignifiante que celle de sa femme est haute en couleur, m'apprend qu'il a demandé le divorce parce qu'il ne pouvait plus la supporter : elle appelait la police ou allait se plaindre au commissariat en déclarant qu'il voulait la tuer. Aline l'écoute sans protestation ni autocritique.

Bien qu'Aline n'ait ni ressource ni couverture sociale, l'assistante sociale de la commune parvient à la faire héberger en résidence. Là, elle se nourrit de ce que lui apporte son fils, car elle ne peut payer ses repas, si bien qu'elle s'intègre mal à la communauté. Elle continue de venir me voir pour des entretiens qui se résument à des plaintes stéréotypées sans véritable souffrance dépressive : son fils dit que son mari lui cache des choses, le divorce n'avance pas assez vite, elle n'a pas eu de chance dans la vie...

J'apprends, trois mois plus tard, qu'Aline est sur le point de quitter la résidence pour retourner vivre avec son mari. Je la reçois effectivement peu après, accompagnée de ce dernier qui me confirme sur un ton bonhomme avoir demandé à Aline de revenir, en faisant du même coup annuler la procédure de divorce. Il m'explique que le ménage et les lessives s'accumulaient, que s'il l'a épousée tardivement c'est parce qu'il était veuf et ne pouvait vivre seul... Aline pour sa part se plaint de son fils qui lui a volé l'aide versée par la commune et qui la nargue avec sa belle-fille enceinte. Mais simultanément, elle reproche déjà à son mari de la priver de toilettes et du coiffeur...

Le couple de cette observation réunit deux êtres qui n'ont jamais eu de véritable autonomie personnelle et affective. En ce qui concerne Aline, sa présentation évoque une débilité légère symptomatique d'une dysharmonie précoce du développement, de nature vraisemblablement psychotique. Il n'est pas rare de rencontrer dans la clinique gériatrique de tels couples pour lesquels le problème de la dépendance et de la séparation non seulement préexiste au vieillissement mais ne le permet pas. La répétition de leurs crises paraît au contraire les placer dans un temps constamment réversible, comme celui des psychopathes qui ne vieillissent guère. L'établissement d'une relation soignante, avec les frustrations qu'elle implique, n'en sera que plus difficile.

L'image du couple parental pour ses enfants

Comme chacun des conjoints, chaque enfant a son image du couple parental, que le travail avec la famille révèle et fait parfois évoluer. Il est ainsi classique qu'à un certain moment les enfants cessent d'accompagner les parents à la consultation, comme pour leur signifier qu'il s'agit désormais de leur problème. Mais tous ne l'acceptent pas, et l'on voit aussi ces enfants ayant toujours une raison pour ne pas laisser les parents venir seuls.

Les parents peuvent bien sûr induire ces attitudes, selon qu'ils portent en eux l'image d'un couple autonome, séparé de celui de leurs propres parents, ou qu'ils continuent d'avoir besoin d'étayer leur couple sur celui d'un de leurs enfants. Il arrive d'ailleurs qu'ils soient systématiquement accompagnés d'un des enfants et de son conjoint.

L'analyse de cette question prend une importance particulière lorsque la maladie ou la dépendance d'un des parents amènent les enfants à demander leur séparation. Maintenant, nous disent-ils, les parents peuvent bien se séparer, car ils ne s'aiment plus. Pour eux, tout se passe comme si le couple n'avait existé que pour faire des enfants, quand ils n'ajoutent pas que les parents ne se sont jamais aimés et que leur mère s'est contre son gré laissée faire des enfants par leur père. Lorsque ce discours s'accompagne de manifestations d'ambivalence et de culpabilité, on peut l'entendre dans un registre œdipien comme la projection des désirs et des pensées jadis suscités par la sexualité du couple parental. Ils se retrouvent dans la position de l'enfant voulant contrôler le coït des parents. Dès lors, cette demande confronte le thérapeute à son propre fantasme de la scène primitive, puisqu'il se vit alors comme ne pouvant satisfaire ensemble le couple parental et ses enfants.

Tout autre est le problème de l'enfant qui s'est détaché de son propre couple pour assister ses parents et qui vient consulter alors qu'il vit depuis plusieurs mois dans l'intimité physique de leur couple. Chaque fois qu'un enfant nous alerte sur l'impossibilité où il se trouve de rester plus longtemps à la fois mari et fils ou fille et épouse, il nous faut examiner l'hypothèse d'une problématique incestueuse de caractère narcissique dans laquelle cette double identité n'est plus un conflit mais un paradoxe, du type de devoir être à la fois ensemble et séparés. Ce paradoxe révèle un défaut de symbolisation dont nous devrons tenir compte dans notre réponse, afin qu'elle ne crée pas à son tour de nouveaux paradoxes générateurs de souffrance pour toute la famille. Autrement dit, ce sera l'indication d'une série d'entretiens familiaux préalables à toute décision.

2. Dépendance et séparation dans le couple âgé

Il est rare que le couple consulte pour lui-même, comme dans le conseil conjugal. En revanche, les deux motifs qui reviennent le plus souvent sont la charge de la dépendance du conjoint et les séparations tardives.

La dépendance dans le couple âgé

Dans la relation de dépendance, le couple semble posséder sa propre pulsion d'autoconservation, qui l'entraîne à se défendre contre ce qui peut le menacer par des mécanismes allant parfois à l'encontre des intérêts individuels de ses membres. L'épouse d'un homme âgé souffrant de troubles psychiatriques observe : « C'est parce que je me fais du souci pour mon mari que je suis malade et il est malade parce qu'il se fait du souci pour moi. » Une patiente nous confie : « J'ai envie de mourir parce qu'il s'occupe beaucoup de moi. » Il arrive aussi que le conjoint assumant la dépendance nie les atteintes que lui fait subir la maladie de l'autre ou qu'il le suive de très près dans la mort comme si, dans tous ces cas, la relation de dépendance n'avait pas seulement pour objet la satisfaction des besoins du conjoint malade mais aussi la survie du couple.

Du point de vue dynamique, la relation de dépendance prend des formes variant avec l'accentuation de son versant objectal et narcissique. La dépendance peut apporter de part et d'autre des satisfactions d'ordre libidinal, l'un trouvant plaisir à soigner le conjoint comme il soignait jadis ses enfants et l'autre érotisant sa position passive. Cette satisfaction pulsionnelle comporte souvent une part d'échanges sado-masochistes.

Mais, le plus souvent, la dépendance s'inscrit dans une économie à dominante narcissique. La relation induite par la maladie répète alors le passé individuel. Après un accident vasculaire cérébral qui lui a pourtant laissé peu de séquelles, tel homme régresse si vite qu'on peut se demander s'il est jamais sorti du giron de l'imago phallique rassurante incarnée par sa femme. Lorsqu'un des époux exploite la dépendance pour asseoir ou restaurer son narcissisme au détriment de celui de l'autre, la relation tend vers le pôle pervers. Il ne se borne plus à sous-estimer les capacités d'un conjoint dément mais il déploie de véritables stratégies accentuant la confusion de ce dernier. Cette omnipotence narcissique perverse rentrera donc dans le cadre des maltraitances.

La dépendance peut encore renforcer l'union symbiotique d'un couple dyadique. Ce n'est pas l'autre qui est indispensable à la vie de l'un, dans la mesure où leur individualité ne s'est jamais différenciée, mais la dyade hors de laquelle ni l'un ni l'autre ne peuvent survivre.

Retenons que, dans la plupart des cas, l'apparition de la dépendance transforme le lien mais ne le rompt pas. Quand la survenue d'une maladie physique invalidante ou d'une pathologie démentielle renverse une sujétion ancienne, elle place en miroir, au moins pour un temps, le conjoint émancipé en situation de dépendance. C'est pourquoi il est important d'analyser l'économie du lien conjugal pour comprendre, au cas par cas, les deux issues habituelles de la relation de dépendance : le déclenchement d'une crise conduisant à la séparation du conjoint malade et la décompensation du conjoint *caregiver* lorsque l'hospitalisation du membre malade le prive des satisfactions ou de l'étayage narcissique que lui procurait la situation. La prévention de cette évolution très fréquente est un des aspects de la guidance familiale dont nous exposerons le principe au chapitre suivant.

Observation 15 : Simone

Simone, qui aura bientôt 68 ans, m'est adressée par le collègue qui soigne son mari pour une maladie d'Alzheimer évoluant depuis trois ans. Il trouve Simone déprimée et il pense qu'il y a un problème dans le couple.

Avec un débit monocorde, Simone qui est venue munie de tous les examens de son mari, m'explique que c'est lui qui est malade : il ne peut plus s'habiller sans chuter, il n'a plus envie de sortir et, à cause de lui, ils ne voient plus aucun ami. Tout le souci est pour elle, elle est l'esclave, dit-elle avec des larmes qu'elle réprime vite. Elle a perdu sa mère à 18 ans, au moment où elle a dû quitter sa famille pour venir chercher du travail en ville et elle se revoit « en deuil de sa mère, habillée en noir et cousant à la bougie dans sa pension ». Elle s'est très vite mariée et a vraisemblablement connu pendant sa grossesse des angoisses d'effondrement – le Rhône coulait sous son lit, dit-elle à propos de deux inondations qui se sont produites à ce moment-là. Elle n'a pas désiré d'autre enfant « parce qu'elle avait six personnes âgées dans sa vie, devant porter toute seule à manger à la famille de son mari ». Par la suite, toute sa vie a été axée sur son fils et ses trois petites-filles dont elle a mal supporté l'éloignement quand le couple a cessé de les garder.

Simone vient de changer de médecin parce que le précédent lui a dit : « Vous êtes la femme dominante. » Elle a compris que, pour lui, elle embêtait son mari. « Il ne voit pas quand je pleure, c'est intérieur. J'en arrive à me dire si un jour moi aussi je flanche... Je ne me suis jamais occupée de moi, je n'ai pas le temps et je n'ai pas le moral. Je suis seule, seule... Il a flanché quand la gamine avait 16 ans et qu'on ne la voyait plus : la maison vide, il a flanché... » Malgré un certain manque de modulation affective, Simone exprime une authentique souffrance intérieure et je lui propose d'en parler avec moi pendant une série d'entretiens.

Dans un premier temps, elle cesse de venir avec les scanners de son mari (qui se tient dans la salle d'attente) et s'autorise à m'apporter ses propres examens, observant tout de même encore : « Je mélange ma visite à moi puisque mon cas dépend de lui. » Sa position va se différencier mais dans un registre persécutoire : son mari fait exprès de tomber et de se souiller parce qu'il est jaloux de ses capacités à elle. « Moi je subis, et on me dit vous êtes la femme dominante. Là j'ai compris que mon mari disait du mal de moi. Mon fils me regarde de travers parce que c'est soi-disant à cause de moi que son père ne lui parle pas. »

Quand je l'invite à chercher avec moi qui pourrait être cette femme dominante, elle pense à sa belle-mère mais se fait aussitôt interprétative : « Mon fils allait souvent chez elle, je comprends aujourd'hui qu'elle lui disait du mal de moi. » J'essaie de passer par ce qu'elle me dit de la souffrance de son fils pour réparer son propre narcissisme. Elle observe : « On a besoin de vous et d'un coup on n'a plus besoin de vous », ce qui vaut pour le départ de ses petites-filles mais aussi pour la dépendance actuelle de son mari, et elle ajoute : « Je suis tellement touchée à l'intérieur, tellement dans le néant. »

« Je peux vous poser une question ? » me demande un jour Simone. Elle pleure, hésite, puis déclare : « Si un jour je suis opérée, si j'ai de gros problèmes, qu'est-ce qu'on peut envisager ? J'ai mis mon père un an à l'hospice à 87 ans, pourquoi j'y mettrais mon mari à 68 ans ? Cela évolue depuis trois ans et demi, chaque fois que je veux en parler à mon fils, il dit qu'avec lui tout va bien, qu'il ne faut pas parler de ça. Il est inutile d'envisager que nous en parlions ensemble, car il ne voudra pas : Il a toujours mieux aimé son père que moi. Pourtant, autrefois, je corrigeais ses devoirs, etc. »

Elle ne vient pas au rendez-vous suivant, m'écrit plus tard qu'elle a fait une chute, et, lorsque nous nous revoyons, Simone commence, visiblement gênée : « Pour le moment je suis toute seule parce que sa maladie s'aggravait, il chutait sans arrêt. J'ai appris que c'était la maladie d'Alzheimer, que cette maladie énerve sans cesse la personne qui vit avec. Je perdais la mémoire, plus rien ne circulait chez moi » et elle montre un doigt engourdi. Son mari vient d'entrer dans un établissement en attendant une place en MAPAD. C'est sa belle-fille qui a organisé les choses « par ultimatum de l'assistante sociale ». Elle me presse de questions sur la maladie de son mari mais elle enchaîne, sans attendre ma réponse : « Mon mari montait mon fils contre moi, tandis que j'ai sauvé autrefois la vie de ma belle-fille qui faisait une grossesse extra-utérine... Des voisins étaient venus, j'avais passé une bonne soirée et pour une fois j'ai bien dormi, mais il a mouillé son lit trois fois plus que d'habitude. J'ai compris que c'était parce que je pouvais encore m'exprimer et que lui ne le pouvait plus. » Depuis, je suis resté le « bon médecin » à qui Simone écrit de temps en temps pour me donner des nouvelles de sa santé et de son mari.

Cette observation, qui fait la transition avec la question de la séparation, nous montre une femme qui n'a pas accédé à la position dépressive et ne peut lutter contre l'angoisse de perte d'objet que par un clivage la protégeant du mauvais objet persécuteur. Cette véritable « psychose de dépendance » (dont nous avons observé le pendant avec des réactions psychotiques à la séparation chez des personnalités semblables) s'explique par la dépendance de Simone vis-à-vis du bon objet partiel que lui fait perdre la maladie de son mari : elle souffre de ce qu'il ne lui parle plus et ne la regarde plus, de ce que sans lui elle ne peut plus sortir... Comme peut-être jadis pour le deuil de sa mère, elle ne peut faire le travail de la séparation d'avec son mari, car son narcissisme ne supporte pas l'épreuve de la coexistence et de l'intégration des bons et des mauvais aspects de l'objet.

Les séparations tardives

La signification et les conséquences de la séparation ou de la perte du conjoint dépendent de la nature des liens du couple. On ne peut en effet placer sur le même plan la décision tardive d'une rupture longtemps ajournée et la séparation à laquelle conduit inéluctablement toute relation de dépendance. L'une et l'autre comportent cependant les mêmes enjeux narcissiques, dans un cas pour celui qui est abandonné et dans l'autre pour celui qui doit affronter le fantasme de détruire l'objet aimé ou ce qu'il a déposé dans le lien idéalisé avec lui.

Mais, comme pour la famille, nous devons faire ici une place particulière au problème de la séparation dans le couple dont l'un des membres est atteint d'une pathologie démentielle.

Observation 16 : Adèle

Adèle est une femme de 61 ans que je rencontre dans le service de chirurgie où elle vient d'être opérée d'un cancer du sein. Son mari vient de décéder il y a deux jours à l'âge de 65 ans, quatre mois après son entrée en MAPAD.

« J'ai flanché, je devais m'occuper de mes rayons et assumer mon mari atteint de la maladie d'Alzheimer, sinon je me serais battue pour le garder. Mais il refusait de se battre, de manger, de boire, de parler... Du jour où il a appris ma maladie, il a refusé de se battre. Un jour que je téléphonais pour prendre rendez-vous avec mon médecin, il m'a dit : « Mais ce n'est pas toi qui es malade, c'est moi. Il aurait voulu rester le centre... J'aurais tellement voulu en faire plus. Quand il est rentré là-bas, j'allais le voir tous les jours entre mes séances de rayons. »

« Au départ, je n'ai pas voulu parler à mon fils de ma maladie. J'étais un pilier pour lui. On s'était donné la consigne, on le dorlotait. Alors, j'ai dit à mon fils je me soigne mais je m'occupe de papi en premier. C'était vraiment la solution, on allait le voir, on s'accrochait à des petits bonheurs éphémères : est-ce qu'il t'a reconnu, est-ce qu'il t'a pris la main ? Je suis fatiguée, je veux partir en maison de repos pour reprendre des forces. Le jour où je déciderai je me battrai, je relèverai la tête... Mais pas encore. L'enterrement a lieu demain, il y a ce pas à franchir. »

Je revois Adèle la semaine suivante, toujours en chirurgie. Elle est triste et se demande « comment s'organiser après, quand on a vécu pendant des années pour une seule personne, qu'on en a fait le pilier, qu'on tourne sans arrêt autour de ce pilier ? Je me voilais la face sur sa maladie à lui, ce qui est arrivé m'évite à moi et aux enfants de le voir dans la déchéance. C'était une délivrance, il souffrait trop. Quand je suis rentrée à la clinique, j'ai dit à mon fils je ne reverrai pas ton père. J'ai peut-être trop donné, alors je ne pouvais plus ensuite, quand j'ai vu descendre mon mari. À force de vouloir donner... Le petit quelque chose que j'aurais pu... ».

Adèle paraît encore sous le coup de la douleur de la séparation qu'elle a retardée pendant quatre ans et qui télescope à la fois celle de son cancer et celle du décès de son mari. Ce phénomène amène à s'interroger sur la manière dont elle a vécu le caractère spécifiquement traumatique de la maladie de ce dernier. Elle m'en parle comme d'une lutte sur un double registre : celui de la maladie individuelle et celui de l'atteinte narcissique du couple, ici touché à la fois dans son corps et dans sa psyché commune. Par analogie avec l'état amoureux, Adèle semble s'être vidée de son narcissisme au profit de celui de son mari selon un mouvement de dédifférenciation la privant de la capacité de vivre sa maladie comme un événement personnel. La séparation puis la mort de son mari exigent d'elle d'opérer un mouvement inverse, c'est-à-dire de regagner son intériorité en rentrant littéralement dans sa peau. Mais d'avoir vécu cette union momentanément désorganisatrice pour sa personne – et peut-être pour son corps, si l'on y voit un lien avec son cancer – ne lui permet pas encore d'entamer son travail du deuil.

3. LES DYADES MONO- OU BIGÉNÉRATIONNELLES

Les dyades sont des couples dont la complémentarité est fondée non pas sur la différenciation interindividuelle, sexuelle ou non, mais sur le modèle de la dyade primitive mère-enfant. Elles sont constituées de deux êtres qui n'ont jamais achevé leur séparation psychique l'un vis-à-vis de l'autre et se trouvaient déjà dans un rapport de dépendance matérielle lorsque est venu s'ajouter le problème de la dépendance physique de l'un d'eux.

Ces couples liant frère et sœur, mère et fils, mère et fille, plus rarement père et fille, ont toujours vécu ainsi ou se sont reconstitués secondairement à un divorce rapide ou à un veuvage précoce. Mais ce qui les caractérise tient moins à leur histoire qu'à leur fonctionnement, car l'on s'aperçoit vite qu'ils n'ont précisément pas d'histoire. Ils en arrivent d'ailleurs à paraître avoir le même âge, ce qui nous fait prendre le fils pour le mari ou la mère pour la femme (alors que, dans les couples par étayage, nous prenons parfois la femme pour la mère). Comme la dyade mère-nourrisson, ils nous donnent plus à voir qu'à entendre et la question des soins matériels du parent dépendant occupent habituellement toute la consultation.

On aurait tort de qualifier d'opératoire cette relation, car c'est en fait leur seul mode d'échange possible. Par opposition à un lien fondé sur la parole, la symbolisation et l'altérité, ce sont ces gestes qui maintiennent la contiguïté et la continuité de la dyade, en assurant conséquemment la cohésion intrapsychique de chacun de ses deux membres.

À la différence de la dyade mère-enfant ouverte au développement individuel, grâce notamment au retrait progressif de la mère, ces dyades n'ont que des capacité d'évolution très limitées. Cela se marque par un refus du temps, rappelant ce qui fut jadis pour le fils ou la fille comme un refus de grandir. L'indifférenciation de ces deux êtres est à la fois contenue et entretenue par la matérialisation du fantasme d'un corps et d'une psyché communs. Pour l'un et l'autre, l'absence n'est pas un facteur de mentalisation mais de désorganisation psychique et de danger vital. Quand la réalité matérielle imposera leur séparation, cette désunion sera aussi périlleuse que peut l'être pour le nourrisson la perte de la mère, avec, pour le parent, le risque de l'aggravation irréversible d'une pathologie somatique et, pour l'enfant privé de ce dernier, celui d'une décompensation psychiatrique, d'un suicide ou d'un équivalent suicidaire.

Observation 17 : Paule

Paule a 92 ans lorsque sa prise en charge individuelle m'est confiée par l'équipe de l'hôpital de jour qui suit sa fille, Georgette. Cette dernière, célibataire âgée de 66 ans et souffrant de troubles psychotiques, a déjà tenté plusieurs fois sans succès de se séparer de sa mère, avec qui elle vit dans une MAPAD. Comme Georgette projette à nouveau de prendre un appartement, l'équipe pense qu'elle pourra peut-être mener cette fois son initiative jusqu'au bout si elle sait que sa mère est par ailleurs prise en charge.

Diabétique et presque aveugle, Paule m'expose son histoire sur un ton pathétique. Dernière de six enfants, elle a perdu son père à l'âge de 3 ans. Sa mère, qui l'a alors placée en orphelinat, est entrée peu après dans un établissement psychiatrique, où elle finira ses jours sans que Paule accepte jamais d'aller la voir. « On pourrait dire qu'elle m'a abandonnée mais ce n'est pas de sa faute. »

À l'adolescence, une de ses sœurs la prit chez elle, mais ce fut plutôt, dit-elle, pour en faire sa domestique, jusqu'à ce qu'elle la mette dehors au retour de son beau-frère. À nouveau seule, Paule épousa un Russe blanc dont elle eut deux filles, la seconde étant morte à l'âge de 2 mois. Georgette avait 16 ans quand ses parents décidèrent de partir tous les trois vivre en URSS. À la mort du mari de Paule, il y a quatre ans, les deux femmes connurent des temps difficiles qui firent qu'elles décidèrent de rentrer au pays il y a deux ans.

Les premiers entretiens la montrent souffrant physiquement et convaincue que son diabète ne lui laisse pas une grande espérance de vie. Elle se plaint d'être dans un établissement dont les pensionnaires lui renvoient d'elle et de Georgette une image extrêmement dévalorisante. Cette dépréciation touche aussi la mère-patrie qui les a si mal accueillies à leur retour. Paule me confie en pleurant qu'elle voudrait préparer l'avenir de sa fille mais s'en estime incapable. Tantôt elle m'assure que Georgette a toutes les qualités pour réussir sa vie lorsqu'elle ne sera plus là, tantôt elle redoute de disparaître car elle pense que sa fille sera incapable de jamais partir de la MAPAD.

Par ailleurs, Paule n'a aucune plainte cognitive. Au contraire, sa mémoire et son orientation sont sûres et l'impression première est celle d'un syndrome dépressif chez une femme au narcissisme fragile qui redoute l'épreuve de la séparation. Je pense qu'elle pourrait bénéficier d'un soutien psychothérapique prudent, et je lui propose donc un entretien hebdomadaire auquel elle viendra en VSL. Paule me donne une réponse positive, bien qu'elle pense que je ne puisse rien faire pour elle ni pour sa fille.

En fait, ce qui devait être un soutien compréhensif se révèle vite comme une de ces tempêtes transférentielles éprouvantes dont parlent Ferrey et Le Gouès (1989), à cela près que l'idéalisation dont je suis l'objet dépasse la forme et la mesure habituelles. Paule me répète à chaque séance : « Vous êtes un dieu pour moi. Vous, vous êtes le docteur et moi je ne suis rien de rien. Moi, je n'en vaux pas la peine. » Par ailleurs, elle use des termes les plus dégradants pour parler du milieu où elle et Georgette sont contraintes de vivre, si bien que je me demande si ces deux extrêmes ne se rejoignent pas comme deux représentations du rejet que lui fait vivre le projet de sa fille.

Ma neutralité ne suffit pas pour modérer ce feu transférentiel qui s'érotise : je suis un homme et elle est une femme ; hélas, elle n'est qu'une vieille femme qui me fait perdre « mon temps et ma jeunesse ». Ces élans libérés de toute censure ajoutent à la grandiosité de mon image en même temps qu'à mon malaise. Elle me fait m'éprouver comme un objet inaccessible et infigurable, qu'elle ne peut ni atteindre ni toucher ou qui s'éloignerait d'elle au fur et à mesure qu'elle voudrait s'en approcher. « Moi j'attends tout de vous mais vous, vous n'attendez rien. Je suis une futilité, vous n'avez pas de temps à perdre. Si vous voulez rompre, vous pouvez, mais pour moi ce sera la mort. Je suis un vieux jeton qui ne donne rien. »

Quand j'essaie d'identifier de qui le discours de Paule me fait-il tenir la place, je pense bien sûr d'abord à sa fille. L'objet étrange, narcissique et déréel, que je deviens dans le transfert et qui me semble comme échappé de la dyade en souffrance, me fait aussi penser à la mère qui l'a précocement abandonnée et qu'elle n'a jamais voulu revoir. D'où peut-être le caractère paradoxal de l'appel qu'elle m'adresse et que je reçois comme si, dans l'angoisse de perdre sa fille, elle ne pouvait se tourner que vers un objet à la fois trop idéal pour qu'elle s'y attache et incapable d'empêcher ce nouvel abandon.

Quand je lui formule ce paradoxe, Paule me dit qu'elle en veut à Georgette de lui avoir pris l'homme qu'elle aimait. « Ma fille, c'est fini, je ne l'aime plus, c'est une salope. » Le directeur de la MAPAD voudrait, dit-elle, « chasser la mère et garder la fille ». Alors qu'elle a jusqu'ici réussi à me parler de son angoisse d'abandon sans jamais nommer directement les projets de Georgette, elle s'exclame un jour : « Ah, non ! je ne marche pas, je ne veux pas de cette combine. Si elle prend quelque chose, elle me perd. Pas moi sans Georgette et pas Georgette sans moi ! »

Il lui faudra encore un mois pour qu'elle parvienne à me dire que sa fille visite des appartements et achète du mobilier pour préparer son départ. Sur ces entrefaites, Georgette, qui s'est cassé l'épaule, est hospitalisée et, à sa sortie, je la vois pour la première fois accompagner sa mère à ses rendez-vous. Commence alors pour Paule une période enchaînant de manière caractéristique les étapes de la révolte, du marchandage et de la dépression : elle estime que sa fille s'est endettée pour s'installer et elle refuse par avance de payer pour elle ; elle voudrait pouvoir la convaincre d'attendre sa mort pour partir de la MAPAD ; et elle finit par parler de son suicide si elle était abandonnée par Georgette.

Comme son moral, son état général ne cesse de décliner, au point qu'un jour une des infirmières de la MAPAD m'apprend que Paule ne peut plus se déplacer. Je me rends donc auprès d'elle pour la voir, sa fille quittant à mon arrivée la chambre qu'elles partagent. Paule me reconnaît, me dit « tout va bien, laissez-moi » et s'endort presque immédiatement. À la visite suivante, l'infirmière me fait part de son inquiétude pour Georgette : depuis que la date de son départ est fixée, elle s'adresse à sa mère en lui disant « votre fille va être hospitalisée le mois prochain ». En accord avec l'équipe qui la suit, je décide donc de voir Georgette en même temps que sa mère.

La parole hachée par l'angoisse, hésitant sans cesse entre le je et le nous, Georgette retrace devant sa mère une histoire familiale qui révèle comment ses préparatifs actuels réveillent les séparations et les deuils passés. Elle craint de porter à sa mère « un coup mortel » ; c'est pour cela qu'elle a, dit-elle, inventé « une légende » : se faire passer auprès d'elle pour une amie de sa fille lui annonçant qu'elle va être hospitalisée. Effondrée dans son fauteuil, telle une victime, Paule demeure silencieuse, même lorsque sa fille parle abondamment de son père, disant qu'en fin de compte c'est lui qui a le mieux su protéger sa mère.

Tandis que Georgette continue de préparer son installation avec l'équipe de l'hôpital de jour, elle participe encore à deux entretiens avec sa mère. Très anxieuse, elle dit « prendre sur la conscience de la faire mourir plus vite ». Elle s'étonne que sa mère appelle la mère qu'elle a perdue, croit-elle savoir, à 3 ans, et elle éprouve à son tour le sentiment d'être rejetée. « Ma mère dit maintenant : Mon Dieu, ayez pitié de moi, et plus : de nous. Avant, j'avais la première place. » J'observe que l'équipe de la MAPAD s'est montrée prête à aider et la mère et la fille, que je continuerai mes visites à sa mère lorsqu'elle aura pris son appartement et je lui rappelle que ce départ ne sera pas une rupture puisqu'il est prévu que, dans un premier temps, Georgette revienne passer la journée avec elle. Je constate que, si Paule ne répond pas à mes questions, elle suit attentivement les réponses de sa fille. Son silence n'a peut-être pas valeur d'acceptation mais je l'interprète comme sa façon de montrer qu'elle renonce à retenir Georgette.

Les événements vont alors se précipiter pour Georgette et pour l'institution, qui semblait l'avoir jusque-là bien soutenue moralement et matériellement dans son projet. Les pensionnaires et le personnel apprennent ensemble, coup sur coup, le décès brutal de leur directeur et de départ de l'infirmière qui suivait Georgette. Et la nuit précédant son déménagement, elle fait une grave tentative de suicide. Quand je revois sa mère, Georgette se trouve toujours hospitalisée et l'entretien se révèle donc impossible. Paule décédera quelques jours plus tard, à l'hôpital général.

En conclusion, l'évolution de mon contre-transfert au cours de cet accompagnement, qui a duré près de deux ans, m'a fait apparaître la dyade formée par Paule et Georgette comme un couple construit sur le déni de l'altérité en réponse à une défaillance primaire de l'objet maternel. Dans ces conditions, quand la matérialisation du projet de Georgette a créé entre mère et fille un écart singularisant de part et d'autre l'objet, ce dernier ne pouvait être qu'intrusif et menaçant ou absent et rejetant, mais, dans tous les cas inadéquat. À l'image des défaillances successives de la mère biologique, de la mère-patrie et de la mère-institution, trois figures de la mère morte.

4. LES SOIGNANTS FACE AU COUPLE ÂGÉ

Les soignants ne peuvent ignorer le conjoint du sujet âgé, soit qu'ils construisent leur intervention en fonction de sa participation à la gestion de la dépendance du patient (au risque de devenir eux-mêmes dépendants du rôle qu'il assume), soit qu'ils choisissent de lui proposer une prise en charge individuelle séparée de celle du patient.

La manière dont s'engage la relation avec le conjoint sera à cet égard déterminante. En dehors d'un projet de thérapie conjugale, recevoir d'emblée le couple donne à voir et à entendre des contenus intéressants du point de vue diagnostic et dynamique. Tandis que commencer par un entretien avec le patient seul met le conjoint absent dans une position particulière : quand nous l'inviterons à nous rejoindre, il aura tendance à vouloir se rattraper en marquant bien son point de vue individuel. On peut alors se demander si un tel protocole n'exclut pas d'emblée l'objet-couple du champ de notre écoute.

Cette manière de travailler est une façon d'adresser un message implicite à chacun des deux membres du couple. En recevant le patient seul, le thérapeute met en effet l'accent sur sa qualité de sujet. Il frustre du même coup le conjoint, mais en lui offrant la possibilité d'un moment d'*insight* sur ses désirs personnels de contrôle ou d'omnipotence.

Il ne nous échappe pas qu'un tel choix comporte des motifs contre-transférentiels. La rencontre avec le couple âgé, surtout si le thérapeute appartient à la génération de leurs enfants, éveille chez celui-ci le fantasme de la scène primitive. Le couple l'amène à se confronter à l'intimité des parents comme à quelque chose qu'il croit plus ou moins connaître mais dont il a bel et bien été exclu, quel qu'ait été son désir infantile d'assister à sa propre conception. On peut donc repérer l'option de recevoir d'abord le patient seul comme une résistance du thérapeute à l'intégration de ses désirs inconscients vis-à-vis du couple âgé.

Mais l'autre position n'est pas exempte de risques du même ordre : celui d'entrer avec le conjoint dans une relation de gratification où il satisfait un désir inconscient de séduction. Ou encore celui de répondre à une demande implicite du couple en s'installant avec lui dans une relation narcissique surinvestissant ses liens, pour écarter plus efficacement toute représentation de séparation. S'il n'est pas perçu, ce contre-transfert idéalisant place vite le thérapeute devant des paradoxes de la même nature que ceux décrits par Caillot et Decherf (1989) dans la pratique des thérapies familiales psychanalytiques (« vivre ensemble nous tue, nous séparer est mortel »). En ce cas, chacun utilise la situation de dépendance pour se mettre vis-à-vis de l'autre simultanément en position de garder l'emprise sur lui et d'être abandonné par lui. Cette défense contre l'angoisse de séparation-individuation s'appuie sur le fantasme du couple unitaire qu'il est courant de reconnaître chez n'importe quel couple connaissant l'expérience de la dépendance d'un de ses membres. L'interprétation de ce fantasme inconscient et des paradoxes qu'il induit exige la mise en place du cadre et des règles spécifiques du travail psychanalytique. Mais il faut apprendre à le reconnaître pour décoder certains messages du couple et les contre-attitudes qu'ils peuvent induire chez les soignants.

Pour conclure, qu'est-ce que soigner le couple âgé ? Ovide raconte dans *Les Métamorphoses*, que, pour remercier le vieux Philémon et la vieille Baucis de les avoir reçus sous l'aspect de deux mendiants, Zeus et Hermès leur demandèrent ce qu'ils souhaitaient. Après avoir échangé quelques mots avec Baucis, Philémon leur répondit : « Puisque nous avons vécu toujours unis de cœur, faites que la même heure nous emporte, que jamais je ne voie le bûcher de mon épouse, et qu'elle n'ait pas non plus à m'ensevelir. » Alors, « Baucis vit Philémon se couvrir de feuillage et le vieux Philémon vit le feuillage couvrir Baucis. Et, tandis que déjà, au-dessus de leur deux visages, croissait une cime, ils échangeaient encore, tant qu'il fut possible de le faire, quelques paroles : "Adieu, ô mon époux" se dirent-ils ensemble ; et leurs bouches, ensemble, furent recouvertes et cachées par l'écorce ».

À cette figuration du corps idéal du couple en deux arbres aux branches entremêlées pour l'éternité s'opposent la mortalité physique de nos patients et le travail du deuil qu'elle imposera nécessairement un jour à l'un des deux. C'est la raison pour laquelle nous pensons qu'en dehors de thérapies de couple répondant à une demande et à des règles précises, notre travail de thérapeute consiste à « différencier les représentations individuelles des représentations de couple » (Caillot et Decherf, 1989) avec pour objectif de développer la capacité de chacun à intérioriser les épreuves de la dépendance et de la séparation.

En pratique, on appréciera la valeur re-narcissisante que la prise en charge du patient aura sur le conjoint, l'étayage de l'un restaurant indirectement l'image de soi de l'autre ; ou au contraire son effet persécutoire (*cf.* observation n° 14) pouvant indiquer la prise en charge individuelle du conjoint. Quant aux couples dyadiques, on retiendra la grande fragilité de chacun de ses membres, surtout à partir du moment où le plus âgé entre en institution, sans que l'on puisse dire si c'est cette séparation qui précipitera sa fin ou s'il n'a pas lui-même provoqué cette rupture parce qu'il ne percevait pas l'autre comme capable de l'accompagner dans son travail du trépas.

Chapitre 9

LA GUIDANCE FAMILIALE DANS LA MALTRAITANCE, LA PROTECTION DES BIENS ET LE MAINTIEN À DOMICILE

Les relations du parent âgé avec sa famille n'intéressent pas seulement le clinicien et le thérapeute. Elles peuvent créer des situations qui imposent l'intervention de tiers non-soignants, tels que travailleurs sociaux ou magistrats. Les plus représentatives sont la maltraitance, le maintien à domicile et la protection des biens du parent.

Ces trois questions ont partie liée : le risque de maltraitance varie en fonction des conditions matérielles du maintien à domicile, qui dépendent elles-mêmes des ressources du parent et de sa capacité de se protéger. Cependant, elles s'articulent aussi selon des mécanismes psychologiques individuels, familiaux et groupaux, l'entourage du sujet âgé pouvant être constitué par une personne ou un couple extérieur à sa famille. Nous ne les traiterons donc pas ici du point de vue médico-social et médico-légal, mais en les plaçant tour à tour en perspective selon notre approche de la vie psychique familiale, afin d'y ancrer notre compréhension et notre réponse.

En effet, confronté par les intéressés ou par des tiers à l'une ou l'autre de ces situations, allons-nous entrer avec eux sur un certain terrain de réalité, en abandonnant dès lors les objectifs de travail que nous nous étions fixés ? Nous répondrons à cette question en présentant notre conception de la guidance familiale en géronto-psychiatrie.

1. La violence dans la famille du sujet âgé

On désigne par maltraitance toute atteinte à l'intégrité physique ou psychique d'une personne. Cette définition inclut la spoliation des biens, la négligence et ce que l'article 223-3 du Code pénal nomme le délaissement d'une personne hors d'état de se protéger.

Dans une approche descriptive, le parent victime de maltraitance est le plus fréquemment une veuve isolée, âgée de plus de 75 ans, contrainte à la cohabitation parce qu'elle est sans ressource, et qui souffre d'une atteinte physique ou mentale la rendant vulnérable. L'abuseur, qui peut être un enfant, un petit-enfant ou le conjoint, cohabite avec elle depuis une dizaine d'années et a déjà montré des troubles de l'adaptation (antécédents psychiatriques, alcoolisme, toxicomanie) lorsque viennent s'y ajouter les difficultés de cette vie commune. Remarquons que des prédicteurs analogues s'appliquent à la maltraitance en institution de soins ou d'hébergement (personnel sans formation, interdiction des visites à certaines heures).

Cependant, la question de la violence dans la famille du vieillard déborde le cas du parent victime d'abus, d'une part parce que sa conduite peut avoir, elle aussi, un caractère violent, d'autre part parce que le champ psychique de la violence ne se limite pas à ses formes agies. Ce problème échappe donc à une approche strictement individuelle, en termes d'agresseur et de victime, et doit être replacé au sein d'une dynamique groupale qui implique l'imaginaire tout autant que les conduites.

Sans banaliser ces dernières, car nombre d'hospitalisations en psychiatrie sont précédées de comportements violents, nous retiendrons que la victimisation du parent âgé commence dans le fantasme. Dans la crise et dans la séparation entrent toujours des pensées violentes qui font d'autant plus souffrir les uns et les autres que leurs fantasmes dépassent toujours la réalité. Quant aux intervenants extérieurs concernés, la violence familiale réelle ou fantasmatique les renvoie à leur propre imaginaire. Les hésitations des travailleurs sociaux ou des soignants à signaler une maltraitance démontrent qu'il ne suffit pas, pour lever leurs difficultés, de dresser une liste de comportements et de situations assortie des coordonnées des services compétents.

Clinique de la violence

La violence dans la famille du vieillard s'inscrit dans trois registres distincts : celui de la maltraitance proprement dite, c'est-à-dire des comportements objectivement violents ; celui des symptômes ou des conduites éprouvées subjectivement comme des violences ; celui de la violence dans la vie psychique. La pratique en centre médico-psychologique géronto-psychiatrique fait que nous sommes confrontés à chacun de ces trois registres.

Des violences physiques répétées conduisent au syndrome du vieillard battu, qui s'observe plutôt à l'admission en hôpital général. L'entretien familial peut nous placer sur la piste de violences plus discrètes, révélées par le comportement de l'entourage, l'attitude silencieuse, craintive et repliée du parent, ou encore l'allusion à des « moments de colère ». Notre attention sera aussi attirée par des consultations multiples chez des médecins ou dans des services à chaque fois différents, ainsi que par l'accompagnement du patient par une personne qui n'est jamais son aidant habituel. Dans ces mises en acte entrent aussi les gestes suicidaires dont la violence n'est pas seulement dirigée contre leur auteur mais également contre son entourage.

Parmi les interactions vécues comme des violences figurent en bonne place les soins corporels. Qu'ils soient assurés par un proche ou par un tiers, les changes et les toilettes peuvent déclencher chez le parent des paroles ou des gestes d'opposition chargeant la situation de contenus violents. Mais ces derniers restent le plus souvent circonscrits dans le registre de l'agressivité et de l'ambivalence. Ils comportent en effet une part de plaisir corporel qu'attestent leur répétition et, parfois, même, après coup, les remerciements du vieillard, si bien que l'attitude de ce dernier apparaît comme une défense contre la satisfaction régressive de ses pulsions partielles. Ces échanges érotisés, qu'alimente de part et d'autre un double courant d'amour et d'hostilité, sortent donc du champ de la violence.

Bien différentes sont les situations où l'un vit le comportement de l'autre non comme la transgression d'un interdit frappant la satisfaction pulsionnelle mais comme une attaque narcissique. Nous avons montré dans quelles conditions dynamiques et structurales le couple âgé pouvait devenir le théâtre de telles interactions, qui vont de la sollicitude infantilisant le conjoint jusqu'à la perversion où l'un tire plaisir de la souffrance physique de l'autre et des blessures qu'il inflige à son moi.

Quant à la violence des pensées, à laquelle nul n'échappe, elle représente plus qu'une forme clinique de ce chapitre, car c'est d'abord l'indice d'un fonctionnement psychique ayant accédé à la mise en représentation. En effet, admettre la violence des pensées, c'est être capable de les transformer en les liant à d'autres représentations, plutôt que de n'avoir d'autre issue que la décharge immédiate des affects. Nous avons vu que l'effet désorganisateur de certaines affections à caractère traumatique, telles que les démences, sape les capacités individuelles de mise en représentation et, par conséquent, la liaison et l'échange entre les pensées des membres de la famille. Un des objectifs du travail psychothérapique avec le patient et sa famille sera d'encourager l'expression des représentations violentes. Mais ce qui est relativement facile lorsqu'il s'agit de lever des interdits devient beaucoup plus ardu lorsqu'on se trouve confronté à un groupe familial dont l'économie repose tout entière sur la décharge immédiate dans l'agir.

L'intervention soignante dans la maltraitance

La dépendance réciproque qui lie le parent impuissant au proche qui en abuse s'inscrit dans un imaginaire phallique où le narcissisme de l'un se nourrit de la faiblesse de l'autre, selon une relation renvoyant inexorablement chacun des deux protagonistes à sa propre incomplétude. C'est toujours pour ses carences que l'on bat le parent et parce qu'il s'estime lui-même insuffisamment bon qu'il ne se défend pas. Mais, derrière les reproches actuels du maltraitant, se profilent régulièrement des carences affectives précoces, des passages à l'acte ou des pertes traumatiques anciennes et non élaborées. La violence physique naît de l'échec de la quête d'une réparation narcissique à l'échelle de tout le groupe familial, laquelle se redouble de l'impossibilité de mettre cette souffrance en représentation.

Les exigences par lesquelles l'entourage tente de rationaliser sa conduite vis-à-vis du parent ne sont pas celles d'un surmoi œdipien mais d'un moi idéal familial aussi tyrannique envers les uns que les autres. Alors qu'en première écoute ils semblent vivre dans l'alternative de l'emprise ou de l'abandon, on ne tarde pas à découvrir que le couple agresseur-victime ou la famille tout entière font bloc, au point qu'il n'est pas rare que le parent mette lui-même en échec la mise en évidence de la situation, soit en déniant la maltraitance dont il est victime, soit en prétendant qu'il ne veut à aucun prix créer des ennuis à son entourage.

Le risque est que, dans un tel contexte, la séparation ne soit qu'une simple mise à distance exacerbant de part et d'autre la souffrance narcissique, car la violence physique attache aussi durablement qu'étroitement à l'objet. Quel que soit le service qui en décide, toute intervention sera vécue comme un acte arbitraire et faisant violence au couple ou au groupe. Aussi doit-on d'abord montrer à chacun des protagonistes comment cette mesure est en prise sur un ordre symbolique auquel nous sommes tous pareillement soumis. L'expérience montre que famille et soignants ont ensemble tout à gagner à ce que ces derniers œuvrent dans la tiercéité, en se démarquant du service qui interviendra dans la réalité par un signalement ou un placement.

L'objectif sera donc d'aider la famille à accepter un accompagnement extérieur, donc à supporter ses manques. Il faut offrir à l'entourage maltraitant une chance d'investir des interlocuteurs qui ne le condamnent pas mais qui puissent reconnaître sa souffrance et son désir de réparation. En pratique, cette fonction de gardien du narcissisme du groupe, difficile à tenir si l'on ne sépare pas les rôles de chaque intervenant, doit nous amener à nous contenter de résultats modestes, se mesurant à la capacité d'échanger par la parole et d'exprimer les affects. Mais ce travail est indispensable pour accompagner une mesure de soutien à domicile ou d'hospitalisation.

2. LA PROTECTION DES BIENS DU PARENT

S'il arrive que la question d'une protection des biens soit soulevée par la famille, elle l'est plus souvent par l'équipe médico-sociale, à qui la loi du 3 janvier 1968 fait obligation de signaler un incapable majeur. Or, en disposant que le médecin traitant peut aussi être le certificateur d'une demande de mise sous tutelle ou curatelle, l'application de cette loi nous place dans une position incompatible avec la neutralité requise par la relation psychothérapique, aussi bien individuelle que familiale.

Nous pouvons, certes, tourner cette difficulté en adressant le patient et sa famille à un collègue. Mais cette séparation des rôles ne dispense pas le thérapeute de la reprise de cette question, aussi bien avec la famille qu'avec l'équipe dont il fait habituellement partie. Quelle que soit, en effet, l'évidence de cette mesure au regard de la pathologie du patient ou du déficit dont il souffre, nous devons toujours nous poser deux séries de questions.

- Pourquoi, confronté à cette famille, pensons-nous à protéger les biens de son parent ? Quelle est la nature du message qu'elle nous a envoyé ou fait envoyer par un tiers ? Qu'a-t-elle ainsi induit en nous et, en corollaire, qu'est-ce que ces représentations révèlent de notre propre position vis-à-vis d'elle ?
- Pourquoi, dans cette famille, les relations et les conflits passent-ils par les biens du parent ? Ou, encore, quels aspects de la vie psychique de la famille se jouent-ils sur la scène matérielle de la gestion des biens ? Car on ne saurait s'en tenir à l'argument de réalité que constitue la nécessaire protection des ressources du parent pour assurer sa survie matérielle et son hébergement. Il faut aussi nous demander pourquoi et comment la famille en est arrivée à créer une situation aboutissant à faire intervenir la loi pour protéger un de ses membres des abus d'un autre, ce qui revient, dans nombre de cas, à protéger symboliquement tout le groupe.

La première explication met d'abord en cause la capacité ou l'incapacité de la famille à gérer ses contenus. Il arrive que les enfants revendiquent le droit de gérer eux-mêmes les ressources de leur parent ou, inversement, qu'ils refusent toute initiative en ce domaine. Dans le premier cas, un des membres de la famille se place au sein du groupe en position active, tandis que, dans le deuxième, la gestion par un tiers place toute la famille dans la passivité. Mais ce projet engage aussi notre désir de contrôler les échanges intrafamiliaux, soit en réponse à une attente implicite du groupe, soit en contre-attitude face à des enfants voulant garder la maîtrise de la fonction retirée au parent.

Notre première analyse s'inscrit dans la perspective rendue classique par les travaux d'Abraham (1925) sur le rôle de l'argent dans le caractère anal. On retrouve là le couple activité-passivité et le fantasme de pénétration d'un étranger dans les affaires du parent et de la famille. Mais une lecture plus attentive de la clinique aussi bien que de cet auteur nous conduit à penser que, pour le parent comme pour ses enfants, ce ne sont pas seulement le désir ou le refus de la maîtrise anale qui font préférer l'abus à l'abandon. Quand l'écoute de la famille permet de replacer cette question par rapport à son histoire et à son fonctionnement, on s'aperçoit, en effet, qu'elle actualise des attentes, des frustrations et, plus généralement, des positions affectives anciennes qu'on peut désigner comme une demande d'amour.

Pour un enfant, gérer l'argent du parent apparaît souvent comme un dû au regard de l'amour qu'il estime ne pas avoir suffisamment reçu ou de la frustration de son désir d'avoir toujours été le préféré. La même quête affective explique la passivité ou le consentement explicite du parent aux prélèvements d'argent opérés par les siens. Elle peut aussi s'accompagner chez lui d'un sentiment de culpabilité et d'un fantasme de réparation. Nous avons connu une femme que sa fille exploitait ouvertement depuis de nombreuses années mais pour qui était intolérable l'idée que cela cesse. Jadis mère célibataire des œuvres d'un homme marié qui était aussi son patron, elle avait toujours porté la honte de cette enfant illégitime, et sa passivité vis-à-vis d'elle équivalait à une réparation de sa faute passée.

Ces données rejoignent les travaux d'Abraham, pour qui l'analité se construit sur les ruines de l'oralité. Il situe en effet l'origine du caractère anal dans la déception des désirs oraux au cours de la première enfance, soit par la privation précoce du plaisir de recevoir, soit par un excès de satisfaction ayant rendu le sevrage difficile. Rappelons qu'Abraham décompose l'érotisme oral en deux étapes : une première, dominée par le plaisir de la succion et la tendance à partager par identification à la mère généreuse ; et une seconde, débutant avec l'apparition des dents qui transforme le plaisir de succion en plaisir de mordre. La possessivité, l'envie et la jalousie qui accompagnent cette étape marquent les premières relations ambivalentes avec les objets.

Ce sont le dépassement ou la persistance de cette ambivalence orale, dominée par l'envie et la destructivité, qui détermineront la forme que peut prendre la question de la protection des biens du parent. On comprend mieux les déchirements qu'elle provoque et la menace qu'elle fait parfois peser sur la survie matérielle du parent si l'on y voit l'échec de la maîtrise anale de la pulsion sadique orale. Quand elle survient dans une famille dont les membres ont souffert de frustrations précoces, de carences narcissiques et de vécus abandonniques anciens, la défaillance du parent fait le lit de la violence. Car, dans ce cas, parents et enfants se protègent d'autant plus mal de leur hostilité et de leur envie réciproques qu'ils ne disposent pas d'autre défense que leur retournement dans l'attente orale, sur le modèle de l'attente possessive du roi Lear vis-à-vis de ses filles.

Alors, la question de la protection des biens ne met plus seulement en jeu le devenir du parent mais aussi celui de tout le groupe familial. L'intervention en tiers du juge et de la loi joue d'abord comme une défense contre les actes et les fantasmes violents. C'est aussi un moyen de protéger et de restaurer le narcissisme du groupe recevant de ce tiers idéalisé une écoute et un soutien.

3. LE MAINTIEN À DOMICILE

Le maintien à domicile recouvre des dynamiques et des enjeux très différents selon qu'il s'agit d'une personne seule ou que son conjoint ou ses enfants sont partie prenante dans sa vie quotidienne et les décisions qui s'imposent. Dans ce dernier cas, la signification de l'intervention d'un tiers au domicile du ou des parents débordera largement sa fonction objective. Mais, quelle que soit la manière dont le parent, son entourage et ce professionnel (aide ménagère, auxiliaire de vie, garde de nuit, infirmière libérale ou psychiatrique, médecin de famille) investiront cette intervention, l'acceptation de cette aide extérieure constituera toujours un tournant important dans l'évolution des relations intrafamiliales.

La mise en œuvre du maintien à domicile

La mise en œuvre du maintien à domicile, c'est-à-dire l'ensemble de ses modalités pratiques, réorganise le temps, l'espace et les fonctions du parent et de son entourage. Pour nombre de familles et de travailleurs sociaux, la dépendance commence quand le parent ne peut plus sortir seul de chez lui. Tandis qu'elle représente pour ce dernier la nécessité d'accepter des étrangers dans son intérieur, cette expression étant à entendre par rapport à l'intériorité psychique de l'individu et du groupe.

Le maintien à domicile crée également un temps nouveau, selon qu'il exige une présence continue ou discontinue, quotidienne ou répartie dans la semaine. Au fur et à mesure que s'accentue la dépendance s'impose la représentation d'une temporalité excluant toute absence, au prix d'une association de plus en plus syncrétique de l'entourage et des professionnels. Une seule chose compte désormais : que le parent ne soit pas seul. Alors que les acteurs du maintien à domicile interviennent chacun à des niveaux différents – des tâches ménagères aux soins corporels les plus intimes –, leurs rôles vont, progressivement, se fondre dans cette unique fonction maternelle primaire.

Les aspects narcissiques et objectaux du maintien à domicile

Les relations de la famille avec les tiers intervenant à domicile se jouent sur le double registre narcissique et objectal. C'est aussi en ces termes qu'il faut apprécier les bénéfices ou les limites du maintien à domicile d'un sujet âgé, selon qu'il lui permet de conserver un commerce objectal et un amour de soi satisfaisants ou qu'il crée une carence à ces deux niveaux[1].

Dans l'ordre objectal, les infirmières repèrent vite le plaisir que prend le vieillard énurétique ou encoprésique aux soins corporels et aux échanges agressifs qui les accompagnent, et elles acceptent habituellement bien cette régression pulsionnelle dominée par l'ambivalence anale. On compare alors la façon dont se déroule la toilette lorsqu'elle est faite par un tiers ou par tel enfant. En fait, le « pipi-caca » ne fécalise pas seulement les soignants mais aussi ceux qui les payent, c'est-à-dire les enfants. Entre ceux qui soignent le parent par amour et ceux qui le font pour de l'argent s'instaure une relation triangulaire que le parent utilise pour déplacer son ambivalence. Jaloux des relations entre les enfants et les intervenants, il agira alternativement sur

1. D'où l'échec de certains rapprochements géographiques à l'initiative des enfants, lorsque ces derniers sous-estiment l'importance du commerce objectal que le parent entretient dans son environnement actuel, même éloigné d'eux, et perçoivent surtout ce qui serait le plus satisfaisant pour leur image de soi.

les uns et sur les autres pour les mettre en conflit et garder la maîtrise de leurs relations.

Par la voie de la dépendance orale, cette régression est aussi mise au service de l'économie narcissique familiale. De pouvoir maintenir le parent dans son cadre de vie procure aux enfants un bénéfice narcissique qui s'augmente encore de sa reconnaissance. Mais, suite à l'aggravation de la dépendance, les enfants vont commencer à vivre dans l'angoisse que l'infirmière leur annonce qu'elle ne veut plus venir soigner une personne aussi pénible ou aussi lourde. Les intervenants extérieurs sont alors sollicités à la manière de doubles sans lesquels le maintien du parent à son domicile deviendrait impossible. Au-delà de la rivalité s'installe une relation spéculaire dont ni les uns ni les autres ne peuvent sortir sans rompre le maintien de la situation et dévoiler, en conséquence, le fantasme narcissique qui la structurait : former tous ensemble un groupe suffisamment fort et uni pour échapper aux dangers de la séparation.

Mourir chez soi

Reguer et Gricourt (1997) ont étudié la clientèle d'un service de maintien à domicile et son passage en institution d'hébergement collectif. Après avoir isolé une série de variables pouvant expliquer cette orientation, ils ont mis en évidence que ni l'âge ni la dépendance n'étaient déterminants, ce qui leur fait relever « le caractère irrationnel de cet acte social ». En revanche, leur travail fait apparaître clairement une relation entre « placement » et solitude. Ce résultat rejoint une observation commune : le droit du vieillard à mourir chez lui est contrebalancé par le refus de mourir seul, et c'est par rapport à cette crainte qu'il faut entendre la place significative de la solitude dans la décision de partir en institution.

Or, si la famille est souvent la première à revendiquer pour son parent le droit de mourir chez lui, c'est aussi la représentation de sa mort qui la décidera à le placer. On est ainsi conduit à penser qu'il est des situations où la famille ne se sent plus capable d'assurer la disponibilité matérielle et psychologique nécessaire pour accompagner la mort du parent, ou dans lesquelles ce dernier la sent trop angoissée pour lui offrir le moment venu la présence rassurante dont il aura besoin. Quand la sécurité du parent exige une permanence nuit et jour et que des chutes ont déjà entraîné des hospitalisations, c'est non seulement un message sur la réalité du danger de mort mais aussi une annonce du travail du trépas qui attend le parent. L'institution peut alors apparaître au parent et aux siens comme le seul lieu pouvant lui offrir l'objet clé (De M'Uzan, 1977) qui l'accompagnera au moment du passage de la vie à la mort.

Il n'est pas rare que le *caregiver* familial accepte de jouer ce rôle, soit en prenant le parent chez lui, soit en s'installant auprès de ce dernier. Sa fonction le place alors en décalage du reste de la famille, qui se sent exclue de la dyade ainsi formée. « Je respecte le choix de ma sœur mais je suis intellectuellement révolté », nous explique un septuagénaire dont la sœur accompagne depuis plusieurs mois sa mère démente et refuse toute idée de placement. Puis, sa mère étant morte, il constate avec un soulagement mêlé de perplexité que sa sœur réinvestit son mari et toutes ses anciennes activités. Au fil de nos entretiens psychothérapiques, cet adepte de l'euthanasie découvre que, durant toutes ces années, sa sœur et lui avaient cessé d'avoir la même mère et qu'il se sentait exclu de la relation régressive acceptée par sa sœur. Il peut alors prendre conscience de tout ce que cette intimité féminine pouvait avoir d'inquiétant pour son narcissisme personnel.

En résumé, laisser le parent mourir chez lui, le placer ou le ramener chez lui afin qu'il puisse y mourir n'ont pas de valeur en soi. C'est la qualité de son accompagnement objectal qui permettra d'apprécier ce choix, c'est-à-dire l'investissement qu'il recevra de l'entourage familial ou institutionnel. On voit ainsi une personne âgée vivant seule se plaindre des persécutions de voisins avec lesquels elle n'a aucun contact, recréant par le délire l'environnement objectal qu'elle a perdu. Dans cet immeuble d'où sont depuis longtemps parties toutes les familles qu'elle fréquentait jadis, au moins quelqu'un s'intéresse-t-il encore à elle, qui épie ses faits et gestes ou lui envoie des gaz.

Alors que le maintien à domicile se décide souvent du seul point de vue de la qualité de vie du sujet âgé, l'accroissement de la dépendance conduit à l'évaluer aussi du point de vue des qualités de l'entourage. Avec le temps s'amenuisent les bénéfices objectaux que l'un et l'autre retirent de ce dispositif, tandis que l'insécurité fait de plus en plus ressortir les enjeux narcissiques pour le parent et la famille, jusqu'à la crise qui se cristallisera dans l'alternative de la possession ou de l'abandon. Le maintien à domicile risque alors de se solder dans l'urgence, comme un échec les privant de l'autre et de la part d'amour de soi qui s'y attachait.

Pour la famille, le maintien à domicile préserve une image satisfaisante de soi au moment où le recours aux intervenants extérieurs la change déjà. D'où l'intérêt d'offrir à la famille la possibilité de parler de cette transformation, c'est-à-dire des tensions et des angoisses qu'elle fait naître ainsi que des pertes et des deuils qu'elle annonce. Mais nous ne pouvons lui apporter cette ouverture psychothérapique qu'à condition de ne pas être nous-même engagé dans la spécularité réparatrice et conservatrice que nous avons pointée plus haut. Donc, de n'être pas à la fois les promoteurs, les acteurs et les garants du maintien à domicile. C'est cette question que nous allons aborder en introduisant la notion de guidance familiale.

4. La guidance familiale

Les pédo-psychiatres appellent « guidance familiale » les entretiens avec les parents dont un enfant est en traitement individuel et qui leur sont indispensables pour exprimer leurs interrogations, leurs angoisses et leur culpabilité. Ces entretiens ne visent pas à provoquer une transformation en profondeur des parents mais à soulager leur souffrance pour aider l'évolution de leur enfant (Mazet et Houzel, 1978).

Nous désignons par guidance familiale une pratique géronto-psychiatrique dont le diagnostic permet d'explorer les interactions familiales et dont le projet de soin tient compte de la souffrance et des besoins de tout le groupe. Comme en pédo-psychiatrie, cette guidance passe par des entretiens familiaux avec le parent, avant le début mais aussi pendant la prise en charge individuelle de ce dernier.

Bien entendu, la guidance familiale ne s'impose pas toujours, et il est même des cas qui l'excluent, telles les demandes de prise en charge individuelle. Elle devient en revanche nécessaire dans les trois cas suivants :

– dans les crises qui mettent la souffrance familiale au premier plan ;
– lorsque des éléments actuels (traumatiques) ou structurels (dyades) placent le clinicien devant une demande mal différenciée ;

– quand un problème de réalité (de nature matérielle ou médicale) est mis en avant par la famille comme un obstacle à tout travail individuel.

Dans tous ces cas, la guidance familiale est la condition indispensable d'une approche psychothérapique individuelle, qui sera alors assurée à bonne distance par un tiers. Cette pratique nécessite une équipe composée d'un psychiatre, d'un gériatre, d'un psychologue et d'une assistante sociale auxquels peuvent s'associer des infirmiers et des intervenants plus spécialisés (ergothérapeute, orthophoniste, psychomotricien). Du fait des compétences qu'elle réunit et des services qu'elle rend, une telle équipe tend à se placer ou à être placée en position de coordination du maintien à domicile et des décisions à prendre. Pour la famille comme pour les autres intervenants médico-sociaux, nous sommes censés détenir le savoir théorique et les informations pratiques qui vont résoudre la crise à laquelle nous sommes confrontés. Autrement dit, la guidance ne requiert pas seulement un cadre matériel mais aussi un cadre psychique.

S'identifier à cette représentation avantageuse sans l'avoir au préalable analysée comporte de grands risques. D'abord, parce qu'elle va à l'encontre du travail en réseau, qui constitue aujourd'hui la réponse la mieux adaptée aux besoins de la population âgée. Ensuite, parce qu'elle pose à l'équipe géronto-psychiatrique des problèmes de secret médical et d'éthique. Enfin, parce qu'elle s'inscrit dans la fantasmatique narcissique que nous avons rencontrée tout au long de cette étude. Il nous sera difficile d'aider la famille à faire son deuil de certaines positions idéales si nous nous plaçons nous-même en thérapeute ou en équipe capables de dicter la bonne conduite à tenir et de gérer la totalité de la situation.

La guidance familiale en géronto-psychiatrie consiste d'abord à donner au parent âgé et à son entourage la possibilité d'exprimer ensemble leurs angoisses et leurs attentes. Cela n'exclut pas des réponses et des informations, car chacun a besoin de se repérer clairement dans la réalité extérieure pour pouvoir aborder librement ses fantasmes. Ce qui distingue la guidance de la gestion d'un programme de soins n'est donc pas qu'elle veut ignorer ces éléments de réalité mais qu'elle entend se donner le temps et le lieu nécessaires à leur élaboration.

On ne peut en même temps agir quelque chose et en parler. En montrant que ce qui se dit est aussi important que ce qui se fait, nous commençons par rétablir un écart entre les pensées et les actes. La création de cet espace et de ce temps de symbolisation étayera secondairement la capacité de mise en latence dans le groupe, c'est-à-dire, en définitive, son intériorité psychique. Dans la crise, cette restauration préalable du narcissisme familial, loin de concurrencer l'approche psychothérapique individuelle, paraît, au contraire, lui donner de meilleures chances de succès.

L'urgence dans laquelle la famille fait appel à nous et qui risque d'aveugler notre écoute peut se comprendre comme une défense extériorisant les dangers internes en les portant sur le terrain de l'intervention médico-sociale. Notre projet sera donc de l'aider à réintérioriser cette dynamique par un ou plusieurs entretiens qui seront explicitement détachés de sa prise de décision.

Ce temps est aussi indispensable pour préserver notre propre fonctionnement psychique lorsque nous sommes pressés d'agir dans l'intérêt supposé des uns ou des autres, c'est-à-dire bien souvent en extériorisant à notre tour des contenus qui nous échappent. C'est pourquoi il est nécessaire d'accompagner la pratique de la guidance familiale d'une supervision régulière par un psychanalyste.

Chapitre 10

LE SUJET ÂGÉ, SA FAMILLE ET L'INSTITUTION GÉRIATRIQUE

Comment parler de l'institution gériatrique au singulier, en regroupant sous ce terme des structures aussi différentes que les unités de court et moyen séjour, les hôpitaux de jour, les unités de géronto-psychiatrie, les établissements d'accueil temporaire ou d'hébergement permanent, les sections de cure médicale et les longs séjours des institutions médicalisées ? Nous tenterons, toutefois, de le faire en nous plaçant du point de vue du parent pour qui l'entrée dans l'une ou l'autre de ces institutions crée une série de situations mettant chaque fois en jeu sa qualité de sujet et, par conséquent, la possibilité d'établir avec lui une relation psychothérapique soit au sein même de l'institution, soit en se déplaçant à l'extérieur de celle-ci.

1. LES FONCTIONS DE L'INSTITUTION GÉRIATRIQUE

Les fonctions de l'institution gériatrique sont définies par des textes administratifs qui dissocient la mission sanitaire et la mission sociale. La première concerne les établissements d'hospitalisation, les longs séjours où est prise en charge la pathologie somatique et les sections de cure médicale adjointes aux maisons de retraite. La mission d'hébergement incombe aux maisons de retraite et aux foyers-logements qui ne disposent pas d'équipe soignante mais reçoivent des professionnels extérieurs (médecins, infirmières libérales, équipe du secteur géronto-psychiatrique). C'est aussi le cas de structures plus petites, du type Cantou, domicile protégé ou appartement thérapeutique, qui ne sont pas médicalisées.

Mais la pratique montre que l'on ne peut distinguer aussi radicalement ces deux fonctions, puisque les maisons de retraite et les résidences accueillent de plus en plus de personnes âgées qui connaissent des troubles physiques ou psychiques, installant ainsi bel et bien la relation soignante en leur sein. Aussi se doivent-elles d'avoir un projet d'établissement ainsi que du personnel formé. Réciproquement, de nombreux lieux de soins assurent incontestablement une fonction d'hébergement, au point que leur évaluation prend en compte la qualité de vie qu'ils offrent à leurs patients.

Derrière sa logique économique, cette séparation trouverait-elle son principe dans une nécessité d'un autre ordre ? Car, ici, le fait institutionnel ne se place pas seulement dans l'accomplissement d'une mission mais aussi dans l'illusion de maintenir au-dehors quelque chose qui mettrait cet objectif en danger. Pour les institutions de soins, il s'agirait d'évacuer la fonction maternelle primaire des lieux de vie, en escamotant ainsi toute la dimension de l'accrochage affectif aux patients. Et, concernant les lieux de vie qui se réfèrent constamment aux critères extérieurs de l'autonomie, il importerait d'écarter toute expression de dépendance assimilée à une pathologie.

Dans une recherche sur le renforcement tardif du « faux-self » chez certains vieillards (Charazac, 1992), nous avons montré comment le couple autonomie-dépendance, érigé en critère d'admission et de maintien dans l'institution, privait le sujet de la possibilité de vivre et d'exprimer la partie la plus vivante de sa réalité intérieure, à savoir la souffrance liée à ses dépendances objectales. L'illusion d'indépendance, qu'il s'agit dès lors pour lui de préserver, acquiert un statut ambigu, puisqu'elle ressortit à la fois d'un fantasme infantile d'omnipotence et du modèle de l'autonomie tel qu'il est prôné et mis en œuvre par son environnement actuel. Or on sait combien ces pensionnaires redoutent secrètement la maladie ou le déficit qui leur fera courir le risque du rejet. Un danger qui n'est pas imaginaire, car l'hospitalisation sera pour nombre d'entre eux un aller sans retour qui les conduira en long séjour. D'un point de vue de santé publique, si l'on considère les pathologies psychiatriques ou psycho-somatiques engendrées par la répression individuelle et institutionnelle de la dépendance affective, cet idéal d'autonomie se révèle très coûteux lorsque le vieillard ne pouvant plus se conformer à ce modèle perd du même coup le « faux-self » protecteur qui l'étayait.

En considérant non plus leur mission mais leur attente, il serait donc plus juste de dire qu'il y a des institutions qui désirent accueillir des sujet âgés autonomes et d'autres des sujets âgés dépendants ; des lieux de vie pour qui le sujet âgé est un client dont la plainte doit nécessairement trouver une réponse supprimant le problème, et des lieux de soins où l'on supporte de ne pas pouvoir guérir les patients parce qu'on sait pouvoir leur apporter un soulagement. Une telle relation s'établit vraisemblablement en identification croisée avec la famille, qui peut s'identifier aux soignants ou se placer au contraire en consommateur recherchant l'hébergement au meilleur rapport qualité-prix, en se défendant elle aussi contre la réalité de la dépendance assimilée à une maladie.

2. La vie psychique institutionnelle

Comme la famille, l'institution est un groupe humain qui posséde son organisation et ses fonctions, mais aussi sa vie psychique propre, laquelle est structurée par un imaginaire et des mécanismes collectifs dont chacun des membres subit inconsciemment les effets tantôt narcissisants, tantôt aliénants. L'institution connaît des moments d'élation et de créativité, ainsi que des temps de souffrance, de dépression ou d'effondrement qui peuvent orienter ses défenses dans le sens de la persécution ou du déni psychotiques.

L'institution se démarque cependant de la famille par son histoire et sa structuration. Tandis que la famille est issue de l'union de deux parents de sexe différent, l'institution est perpétuellement en quête de la scène de ses origines, si bien que chaque étape de son histoire extérieure remet en travail le contrat narcissique qui unit ses membres. L'analyse des comportements collectifs institutionnels révèle fréquemment un imaginaire de base centré sur une imago maternelle archaïque, omnipotente dans la protection comme dans la persécution.

Cette institution fantasmatique se rapproche de la figure classique de la mère de psychotique, soit hyperprotectrice et empêchant ses membres d'exister en personnes autonomes, soit disqualifiante et inductrice de paradoxes. Au sujet âgé et à sa famille, l'institution gériatrique donne aussi à voir les deux faces contrastées et indissociables de l'institution-providence et de l'institution-mouroir. Mais l'étude des organisateurs spécifiques de la vie imaginaire et affective de l'institution gériatrique reste à faire.

Pour Kaës (1987), l'intervention du psychanalyste dans l'institution a pour objet « la souffrance psychique liée au fait institutionnel et le dégagement des potentialités qui contribuent à la réalisation de la tâche primaire de l'institution : soigner, enseigner, produire »[1]. Il est important de comprendre que l'inconscient institutionnel agit en permanence sur la manière dont les soignants répondent aux besoins des sujets âgés et se placent vis-à-vis de leur famille. Mais, si le thérapeute travaillant au sein de l'institution peut s'exercer à repérer des moments de pesanteur dépressive ou de défense maniaque collective, ce n'est pas à lui de faire l'analyse institutionnelle. Du point de vue qui est le nôtre, nous considérerons seulement ici la manière dont l'inconscient familial se saisit de l'institution pour organiser une relation à trois (famille-parent-institution) ou à deux (famille-institution), selon qu'il investit l'institution de la seule mission de maintenir le parent en vie ou qu'il l'accompagne avec elle dans le travail du trépas.

Mais nous ne pouvons pas refermer – provisoirement – ce chapitre sans souligner la souffrance spécifique des soignants dans l'institution gériatrique. L'écart entre leur formation théorique et leur savoir-faire, la dévalorisation de leurs services, l'insuffisance de leurs effectifs, leurs patients lourds, fragiles et menacés par la mort, épuisent en permanence leur narcissisme. D'où la nécessité d'organiser pour eux des réunions d'équipe hebdomadaires où ne seront pas seulement valorisés leurs actes professionnels mais aussi l'expression de l'épreuve affective que leur font vivre leurs prises en charge : les agressions qu'ils subissent, les émotions qu'ils éprouvent et les pensées qu'elles font naître en eux.

---

1. Nous renvoyons le lecteur désirant découvrir les processus inconscients et la pathologie de la vie psychique institutionnelle à cet ouvrage, qui réunit des études de plusieurs auteurs.

3. La place du sujet dans la relation famille-institution

Ce sont une fois encore les relations d'objet et les investissements narcissiques qui nous serviront de repères pour nous représenter les relations de la famille avec l'institution et la place qu'y trouve le sujet âgé, en dehors, bien entendu, des hospitalisations en situation aiguë. Nous y distinguerons trois temps, en ne nous fondant pas sur le déroulement extérieur du séjour mais sur l'histoire intérieure du sujet.

L'entrée en institution

Pour le sujet âgé, l'entrée en institution représente un ensemble de pertes qu'il importe de lui permettre de verbaliser dans l'entretien individuel précédant son admission. L'équipe aura alors pour objectif de restaurer ses échanges objectaux en lui offrant de nouveaux investissements. C'est la classique « phase d'adaptation », durant laquelle on demande à la famille de garder la distance nécessaire.

Pour cette dernière, l'institution se présente comme un lieu rassurant, relayant sa fonction maternelle mise en échec. Elle paraît idéalement répondre aux besoins du groupe et du parent, si bien que le moment de son choix est propice à une dé-différenciation des intérêts du groupe et de chacun de ses membres : alors que tous s'étaient accordés sur la nécessité d'un « placement », on verra réapparaître les rivalités inter-individuelles à propos du type d'établissement, de son coût, de sa proximité ou de son éloignement pour tel enfant... Si la famille et son parent n'ont pas encore engagé le travail de la séparation, la dépossession narcissique et la perte objectale qui marquent l'entrée en institution ne se révéleront qu'après coup, avec le risque pour chacun de mettre sa souffrance en actes ou en symptômes.

Mais les enjeux de l'admission en institution vont encore plus loin. À l'entrée, la famille a pour préoccupation première la survie du parent. Elle lui a cherché un lieu où il soit en sécurité et s'il lui arrive de craindre que, séparé d'elle, le parent ne se laisse mourir, ce fantasme n'est que l'envers du désir conscient qu'il survive. Une sorte de non-survie, plutôt qu'une pensée de mort. L'institution, quant à elle, répond à la famille : « Soyez tranquilles, nous le garderons jusqu'à la fin », c'est-à-dire qu'elle pense déjà à la manière dont le parent finira ses jours et dont elle aura à l'accompagner dans le trépas.

Par là, l'institution se montre peut-être plus proche que la famille de la réalité interne du sujet. Dans l'entrée en institution, il y a toujours quelque chose de la mort qui passe. Ce moment actualise l'inaccompli qui rend le travail de la séparation inachevé et qui a évidemment à voir avec la disparition du parent. Sa survie dans l'institution exigera donc une mise en latence suffisante de la question de son trépas. C'est la raison pour laquelle la préparation de l'entrée avec le parent et sa famille est si importante, afin que le sujet puisse disposer des moyens de contre-investir l'effet mortifère de cette rupture de son existence, et que nous puissions construire, avec lui, un projet qui, du point de vue matériel mais aussi relationnel, tienne littéralement debout. Le travail de la séparation ne commence qu'à partir du moment où le parent et sa famille se sont réciproquement adressé le message que cette entrée les fait penser à la mort mais que son temps n'est pas encore venu.

Si cette préparation et l'investissement qui l'accompagne font défaut, soit parce que la famille est trop anxieuse pour se rendre sur les lieux et supporter la perception des autres pensionnaires, soit parce qu'elle n'entend tout simplement pas les besoins du parent, le risque est que le contenu mortifère du placement ne s'actualise à brève échéance. On dira alors que le parent n'a pas su s'adapter.

La dépendance réciproque famille-institution et ses conséquences pour le sujet

Famille et institution sont étroitement dépendantes l'une de l'autre, non seulement du point de vue matériel mais aussi de la conservation d'une certaine estime de soi face aux insatisfactions que leur fait éprouver la situation. La famille dépend des bons aspects de l'institution, gages de sa propre capacité à veiller sur la vie du parent. Elle sera donc sensible à toute carence qui, en désidéalisant l'institution, la renvoie à ses propres insuffisances. Quant à l'institution, elle a aussi besoin de l'estime de la famille pour contre-investir l'hostilité qu'alimentent la rivalité, l'envie mais aussi le fantasme de lui avoir volé son parent.

La famille peut être tentée de fusionner avec l'institution qu'elle envahit en déniant tout ce qui fait sa spécificité (ses règles, ses horaires de visite, l'identité professionnelle de ses membres). Quand ce type d'identification répond à l'attente de l'institution, famille et institution fonctionnent en miroir selon un étayage réciproque dans lequel l'objet-parent aura bien du mal à s'inscrire comme sujet. Ce duo peut aussi s'organiser dans le clivage, chacun voulant s'approprier le bon parent en déposant dans l'autre sa partie mauvaise ou malade. Pour l'institution, ce sont les relations du parent avec ses enfants qui le font souffrir puisque c'est toujours après leur visite qu'il se plaint ou qu'il s'agite. Tandis que, pour la famille, si son état se détériore, c'est à cause du voisin qu'on lui a imposé et, somme toute, parce qu'on n'a pas su lui trouver un établissement convenable. Dans le cas des familles qui accueillent chaque week-end leur parent s'installe alors toute une clinique non seulement du sujet lorsqu'il est transporté sur cette autre scène, mais qui concerne aussi ce que la famille en dit après coup à l'institution.

En fait, il est rare qu'à un moment ou un autre du travail de la séparation, la famille ne passe pas par l'une ou l'autre de ces relations. La question n'est pas que famille et institution trouvent d'emblée une soi-disant distance idéale mais qu'elles aillent l'une et l'autre vers un fonctionnement objectal où chacun accepte les qualités et les manques de l'autre et supporte sans trop se déprimer de reconnaître ses propres insuffisances. Alors, chacun des acteurs pourra considérer le parent tel qu'il est et non tel qu'il devrait être. Entretenir ou restaurer le commerce objectal du parent placé en institution, et, par là, sa qualité de sujet, c'est percevoir et accepter l'amour qu'il attend et celui qu'il peut encore donner, aussi bien que l'hostilité ou la haine « objectivement » attachées à sa condition. En revanche, si le sujet réprime toute expression de perte, d'abandon ou de manque, le risque est grand que son moi ait repris pour son propre compte les clivages de l'objet du duo famille-institution.

Le travail du trépas en institution

C'est dans l'approche du trépas que le sujet âgé a le plus besoin de recevoir l'investissement d'un objet. À partir du travail inspiré à Janice Morton par l'analyse d'une patiente encore jeune atteinte d'une maladie mortelle, M. de M'Uzan (1977) a décrit le travail du trépas comme une période au cours de laquelle le mourant détache sa libido de ses proches pour l'investir massivement sur une seule personne dont il fait « l'objet clé » qui l'accompagnera dans le passage de la vie à la mort. Ce travail commence bien avant l'agonie, parfois même plusieurs mois avant la mort, alors que le moi conscient du sujet ne sait pas encore quel est son état, car, pour de M'Uzan, l'appareil psychique ne manque jamais de repérer les processus morbides qui se déroulent dans le corps.

Avec son objet clé (qui ne fait pas nécessairement partie des êtres qui lui étaient les plus chers), le mourant forme ce que de M'Uzan appelle « sa dernière dyade, par une allusion à la mère dont l'objet pourrait bien être une dernière incarnation ». Il la représente comme un corps indépendant dont la construction exige un contact physique entre ses éléments, « fût-il limité à deux mains qui se tiennent lorsque l'échange verbal est devenu impossible ». En contrepartie, le moindre retrait affectif de l'objet clé se traduit aussitôt par une modification du comportement qui disloque la dyade. « Il devrait donc pourvoir et assurer une présence qualitativement sans défaillance, et assumer un certain flou de son être, vivre presque en état d'absence. »

On comprend que l'entourage soit tenté de fuir ce surinvestissement passionnel et « phagocytant » par lequel le mourant tend à l'inclure en lui et à le dissoudre. « De toutes les observations faites au chevet des mourants, écrit de M'Uzan, on peut conclure que le malade condamné ne se sépare de ceux qui lui sont chers que lorsqu'il est convaincu qu'ils ne peuvent plus assumer leur fonction. » Il en conclut que ce sont, le plus souvent, les autres qui entravent le travail du trépas, soit qu'ils refusent de jouer le rôle d'objets clés du mourant, soit qu'ils ne l'acceptent qu'à moitié, en attendant que celui-ci prenne l'initiative de rompre l'organisation qu'il tente de construire avec eux. « Là on attend du mourant qu'il retire en lui toute sa libido pour la laisser se dégrader, sans se demander si la déperdition dont il souffre concerne son moi ou ses objets ; autrement dit, on le conduit à quelque chose qui n'est pas le travail du deuil mais celui de la mélancolie. »

En s'inspirant du travail de de M'Uzan, Josserand (1994) a analysé la façon dont la famille reçoit du parent en institution le message et l'appel à l'objet annonçant sa mort, afin que les soignants pallient une éventuelle défaillance du milieu familial en s'offrant en remplacement comme objet clé possible. Il montre comment l'entrée dans le travail du trépas, marquée par une poussée pulsionnelle en direction de l'objet, peut se signaler par l'installation d'un comportement passionnel insolite chez un pensionnaire ou, par contrecoup, par la réaction tout aussi passionnelle de sa famille. « L'amélioration apparente et paradoxale du vieillard qui en résulte est interprétée de façon erronée par l'entourage du côté de l'appétence à la vie. L'indice de mauvais augure en est ignoré. » Un comportement caractériel répétitif d'apparition récente et de tonalité abandonnique doit aussi être compris comme un appel à la manifestation d'un objet clé capable d'offrir au patient la relation qu'il attend pour vivre son travail du trépas ; alors que, lorsqu'une ancienne pensionnaire commence à se jeter à terre ou à se coucher dans les couloirs, la première réaction de l'équipe est de se sentir agressée, impuissante et rejetante.

Le message de la mort à venir ne se laisse donc pas toujours facilement entendre, soit parce qu'il est brouillé par le patient lui-même (comme dans l'exemple ci-dessus), soit parce que son destinataire refuse d'assumer le rôle de l'objet clé. Josserand considère que décrypter les signaux de la mort à venir est une des missions essentielles de l'institution et des soignants. L'interprétation de ce message nécessite la verbalisation en présence d'un tiers du trouble particulier qui s'installe à chaque fois chez le soignant qui le reçoit : « un malaise indéfinissable et une baisse de l'estime de soi résultant d'un commandement en provenance de son idéal du moi, qui l'oblige à aménager la conjoncture du patient afin de lui permettre de développer son travail du trépas, en se laissant prendre soi-même dans les filets du mourant ».

4. Un cadre pour les relations de la famille avec l'institution

Installer un cadre signifie d'abord que la levée des « non-dits » ne constitue pas une fin en soi. Il ne s'agit pas d'encourager la famille à donner libre cours à ses affects et à ses pensées selon notre bon vouloir ou notre bon plaisir, au risque de la placer à son insu dans des clivages institutionnels pervers, mais dans des conditions de lieu et de temps données. C'est le fait que ce fonctionnement soit reconnu et accepté par toute l'équipe, y compris par ceux de ses membres qui ne participent pas aux entretiens ou aux groupes en question, qui donne à ces conditions la qualité de cadre et permet en retour d'en attendre des effets sur la famille, l'institution et le sujet.

L'entretien familial préliminaire à l'admission

Cet entretien systématique, qu'il est préférable d'organiser dans un lieu et un temps séparés de l'entrevue administrative, et auquel assiste bien entendu le parent après qu'on l'ait reçu seul, soulève les mêmes questions que l'entretien familial auquel nous avons consacré un chapitre. Mais dans ce cas, le médecin et le psychologue qui le conduisent habituellement ensemble sont aussi à l'écoute de ce que le projet d'entrée fait vivre à la famille et à son parent.

Au sentiment de dépossession des aidants s'ajoute la souffrance dépressive de n'avoir pu éviter la séparation et la peur de la solitude qu'elle va créer. Ce moment de discontinuité dans un temps et un espace familiers, vers un lieu inconnu et un temps qui n'est pas encore structuré, est propice à toutes les mises en acte. Aussi sera-t-on attentif aux attitudes qui annoncent un retrait rapide ou une conduite envahissante de la famille.

Le danger serait toutefois de se placer en thérapeute d'une famille momentanément fragilisée par cette séparation et qui se précipiterait dans cette écoute comme dans une offre de soins. Dans son contenu manifeste, l'entretien doit donc rester centré sur le parent. Mais il faut savoir que cette rencontre peut créer un lien qu'il faudra gérer en son temps, soit en se revoyant, soit en adressant la famille à un tiers exerçant dans un autre lieu, afin qu'il n'y ait pas de confusion entre l'espace du sujet et celui du groupe familial.

Les groupes d'expression pour les familles

Historiquement, les premiers groupes créés en gériatrie l'ont été pour soutenir les familles soignant à domicile un parent atteint de la maladie d'Alzheimer, et ceux-ci font désormais partie du dispositif classique de « l'aide aux aidants ». Mais, depuis quelques années, nombreux sont les gériatres et les psychologues qui ont mis en place de tels groupes de familles au sein même des institutions recevant leur parent, et ils publient des comptes rendus de ces expériences pour en faire connaître les bénéfices.

Joubert (1997) présente un groupe qui réunit une fois par mois les familles, sans le parent ni ses soignants, et à l'extérieur des services de soins et d'hébergement. Ce groupe, qu'en tant que psychologue elle anime avec la surveillante (dans d'autres institutions, ce seront le gériatre ou le psychiatre), reçoit pour règle « de parler pour comprendre ensemble ce qui est difficile, ce qui fait souffrir, autour de la maladie et du placement ». Elle montre qu'un tel groupe possède plusieurs fonctions :

– celle de conteneur, en tant que lieu séparé où les familles peuvent déposer leurs fantasmes ou leur agressivité sans craindre qu'ils ne soient destructeurs pour le parent ou l'institution, ni sources de représailles de leur part ;
– celle d'identification de famille à famille, mais aussi avec les soignants du parent, dont les animateurs sont perçus comme les représentants ;
– celle de restitution de ce qui se vit dans l'institution et échappe aux familles ; ainsi que des sentiments de jalousie, de rivalité ou de haine que les familles éprouvent vis-à-vis des soignants ;
– celle d'étayage, par une prise en compte de la famille qui restaure son identité et apaise ainsi sa souffrance narcissique en lui montrant que ses mauvais sentiments ne détruisent pas les qualités qu'elle peut encore offrir à son parent et à ses soignants.

Ces groupes soutiennent donc aussi l'investissement objectal du parent. Joubert note ainsi que ces échanges sensibilisent la famille à l'importance des séparations. Les enfants prennent l'habitude d'annoncer leurs absences au parent et à l'équipe, et, lorsqu'ils sont en visite, ils préviennent les soignants du moment de leur départ, afin que ces derniers viennent entourer le parent dans ce moment toujours difficile.

Réciproquement, l'instauration de ce cadre réservé aux familles rappelle aux soignants que le sujet âgé est aussi une épouse ou un mari, une mère ou un père. Ils redoutent moins cet inconnu extérieur qui leur échappe et dont le retour viendrait désorganiser la relation qu'ils ont nouée avec lui, en leur rappelant que cet homme ou cette femme a un passé d'être de désir et qu'il investit encore d'autres objets.

Tous ces enrichissements objectaux auront pour effet de rétablir le contact de la famille avec le corps du parent. La relation corporelle, souvent devenue conflictuelle ou taboue dans les mois précédant l'entrée, peut se rétablir par la médiation des soins et des gestes désormais accomplis par d'autres. Sous couvert du professionnalisme des soignants et en en parlant avec eux, les enfants peuvent à nouveau approcher le corps du parent. Et l'on mesure l'importance que prendra la reprise de ce contact spécifique lorsqu'il s'agira pour la famille et les soignants de percevoir les messages corporels du parent qui annonceront son entrée dans le travail du trépas.

En conclusion, l'institution gériatrique doit veiller à établir et à conserver avec la famille une relation d'altérité respectant ses intérêts narcissiques et objectaux, sans l'exclure ni fusionner avec elle. En donnant à la famille l'espace privé qui lui est nécessaire, l'institution l'aidera à reconnaître à son tour les attentes objectales de son parent et à tenter d'y répondre jusque dans ses derniers instants.

CONCLUSION

Malgré les apparences, la question des relations du sujet âgé avec sa famille ne se situe pas dans un champ clinique aisé à définir. Pour les psychologues, il s'agit d'étudier les interactions entre le parent et son entourage, leurs motivations respectives et les conflits manifestes qui en découlent. Pour les psychanalystes, ces interactions sont le reflet des relations du moi avec ses objets internes, sur une scène où leurs représentations sont en permanence remodelées par l'inconscient. De cette approche qui nous a guidé tout au long de cet ouvrage se dégagent trois niveaux de réflexion.

1. La place de l'objet réel dans le devenir du moi

En fondant la psychopathologie des relations du sujet âgé avec sa famille sur les manifestations d'un appareil psychique familial, nous ne pensons pas avoir pour autant négligé l'importance de l'appareil psychique individuel ni du moi, qui en est l'instance consciente. Comment, en effet, ne pas la reconnaître si nous constatons qu'une grande partie des dynamiques que nous avons décrites contribuent au processus de séparation-individuation sur lequel reposent la construction et le développement du moi ?

Nous avons aussi reconnu que cette transformation ne pouvait se faire qu'avec le support des objets réels. De la première identification marquant l'apparition du moi jusqu'à la dernière précédant sa disparition, le moi ne cesse de recevoir du monde extérieur des perceptions qu'il traite pour en faire des événements psychiques participant à sa transformation. Dans le processus d'identification, le moi remplace progressivement l'investissement libidinal de l'objet par l'identification à un ou plusieurs de ses caractères. Et il faut bien que l'objet désinvesti par le ça soit apparu dans le système perception-conscience pour qu'il puisse devenir secondairement le support d'une modification du moi.

Telle est, schématiquement, la voie de sortie du complexe d'Œdipe. Mais on peut voir les crises individuelles et familiales de l'âge et du grand-âge comme liées au changement de l'objet réel et de son investissement. Quand la perception de ce changement n'est pas niée ou traitée par l'installation d'un clivage, l'atteinte du parent réel déconstruit les identifications du moi individuel et du soi familial et installe une régression momentanée de leurs fonctions. La réactivation œdipienne tardive maintient le commerce objectal et le réinvestissement libidinal de l'objet, tandis que les crises de la famille surviennent lorsque les identifications sont trop chargées de libido narcissique pour emprunter cette voie.

Enfin, après avoir montré la place de l'objet réel dans le travail de la séparation, nous l'avons une dernière fois retrouvée dans « l'expansion libidinale et l'exaltation relationnelle » par laquelle de M'Uzan (1977) définit le travail du trépas. Ainsi aurons-nous souligné, tout au long de notre parcours, l'importance de l'objet, tant par sa présence comme objet à investir ou à réinvestir que par l'investissement que le sujet âgé en reçoit.

2. *La psychothérapie du sujet âgé et de sa famille*

Le mot psychothérapie, qui désigne le traitement de la souffrance psychique par des moyens psychiques, recouvre un ensemble de pratiques individuelles, groupales, familiales et institutionnelles. Du point de vue individuel, on distingue l'attitude psychothérapique accompagnant tout acte médical, la psychothérapie de soutien (qui n'exclut pas le respect d'un cadre, en particulier sa régularité) et les psychothérapies pratiquées par un psychanalyste, qui intervient sur le transfert et les résistances dans la mesure où leur analyse peut améliorer le travail d'intégration du moi du patient.

S'il est encore rare que des sujets âgés entreprennent une cure-type, ils sont de plus en plus nombreux à bénéficier d'une psychothérapie d'inspiration psychanalytique. Bien que nous n'ayions pas traité ici du cadre et du déroulement de la prise en charge psychothérapique individuelle, qui justifierait à elle seule un ouvrage séparé, elle n'a jamais été absente de notre réflexion. Son indication relève avant tout du colloque singulier entre le patient et le psychothérapeute, mais, comme pour les psychothérapies d'enfant, il est parfois impossible de la poser si l'entourage n'est pas en mesure de l'accepter et de la comprendre.

Dans toutes les situations où la clinique nous fait rencontrer le patient âgé avec sa famille, le premier soin du psychothérapeute est d'écouter, de contenir et d'analyser la souffrance de ce groupe. Non pour l'interpréter mais pour évaluer ses ressources et ses faiblesses et celles de chacun de ses membres. Dans le meilleur des cas, une intervention ponctuelle sur le milieu familial peut suffire à créer les conditions d'une prise en charge individuelle pour le parent. Dans un contexte de crise, cet entretien peut aussi faire envisager un travail psychothérapique familial qui aura alors avantage à se fixer, dès que possible, une limite dans le temps. C'est une règle qui vaut aussi pour la psychothérapie du sujet âgé. Il arrive, enfin, que le travail familial se réduise à une guidance, c'est-à-dire à un accompagnement visant à étayer la prise en charge individuelle du parent par un tiers.

3. Les sources psychodynamiques de la géronto-psychiatrie

Après un essor d'autant plus rapide qu'elle répondait à une attente du corps social, la géronto-psychiatrie semble aujourd'hui marquer un temps d'arrêt qui ne répond pas aux seules contraintes économiques. Elle ne saurait être l'otage des intervenants sociaux ni des équipes gériatriques, cependant que la reconnaissance par la psychiatrie de la spécificité de son objet et de sa pratique ne lui est pas encore acquise. Elle partage pourtant à bon droit les valeurs de cette dernière : une conception du normal et du pathologique fondée sur le rapport qu'entretient tout être humain avec le travail du vieillir ; une écoute reconnaissant au patient, fût-il dément, la qualité de sujet avec son histoire et son intériorité propres ; la prise en compte du cadre et des dynamiques inconscientes de la rencontre ; enfin, quand elle est d'exercice public, son attachement aux principes de la psychiatrie de secteur.

L'avenir de la géronto-psychiatrie ne saurait reposer sur les seuls progrès de la chimiothérapie, qui n'a de son objet qu'une définition biologique réductrice. Il dépendra pour une large part du développement d'une pensée psychodynamique d'inspiration psychanalytique. Elle fut la première à dégager les caractères spécifiques de son objet et de sa pratique, en reconnaissant notamment les effets du transfert et du contre-transfert sur la clinique et la relation thérapeutique.

Il y a encore beaucoup à faire dans ce sens, puisque l'une des spécificités de la géronto-psychiatrie est la place qu'y tient la famille du patient et que ses mutations actuelles, avec des familles où il n'est pas exceptionnel de compter quatre générations, ouvrent un vaste champ d'étude. Aussi souhaitons-nous que notre travail suscite des recherches nouvelles et des développements cliniques dont les patients âgés et leur famille tireront assurément bénéfice.

BIBLIOGRAPHIE

ABRAHAM K. (1925), « Contributions de l'érotisme oral à la formation du caractère », trad. I. Barande, *in Œuvres complètes II*, Paris, Payot, 1966, pp. 332-342.

ANZIEU D. (1975), *Le Groupe et l'inconscient*, Paris, Dunod.

BEAUVOIR S. de (1970), *La Vieillesse*, Paris, Gallimard.

BERGERET J. (1982), « La deuxième crise d'adolescence. Sénescence et crise d'identité », *in Le Temps et la Vie. Les dynamismes du vieillissement*, sous la direction de J. Guillaumin et H. Reboul, Lyon, Chronique sociale, pp. 71-78.

BERGERET J. (1984), *La Violence fondamentale*, Paris, Dunod.

BERGERET J. (1996), *La Personnalité normale et pathologique*, Paris, Dunod, 3e éd.

BIANCHI H. (1983), « Remarques sur la réactivation de la problématique œdipienne à la fin de la vie », *Dialogue*, 79, pp. 27-32.

CAILLOT J.-P. et DECHERF G. (1989), *Psychanalyse du couple et de la famille*, Paris, Clancier-Guénaud.

CHARAZAC P. (1992), « Sur le renforcement tardif du faux-self chez certains vieillards », *Psychanalyse à l'Université*, 17, 67, pp. 65-74.

EIGUER A. (1987), *La Parenté fantasmatique. Transfert et contre-transfert en thérapie familiale psychanalytique*, Paris, Dunod.

FERREY G. et LE GOUÈS G. (1989), *Psychopathologie du sujet âgé*, Paris, Masson, 3e éd.

FETEANU D. (1991), « Déments et institutions », *Confrontations psychiatriques*, 33, pp. 393-408.

FREUD S. (1905), *Trois essais sur la théorie sexuelle*, trad. P. Koeppel, Paris, Gallimard, 1987.

FREUD S. (1913), *Totem et tabou*, trad. S. Jankélévitch, Paris, Payot, 1965.

FREUD S. (1915), « Pour introduire le narcissisme », trad. J. Laplanche, *in*

La Vie sexuelle, Paris, PUF, 1969, pp. 81-105.

FREUD S. (1917), « Deuil et mélancolie », trad. J. Laplanche et J.-B. Pontalis, *in Métapsychologie*, Paris, Gallimard, 1968, pp. 147-174.

FREUD S. (1919), « L'inquiétante étrangeté », trad. B. Feron, *in L'Inquiétante étrangeté et autres essais*, Paris, Gallimard, 1985, pp. 209-263.

FREUD S. (1920), « Au-delà du principe de plaisir », trad. J. Laplanche et J.-B. Pontalis, *in Essais de psychanalyse*, Paris, Payot, 1981, pp. 41-115.

FREUD S. (1923), « La disparition du complexe d'Œdipe », trad. D. Berger, *in La Vie sexuelle*, Paris, PUF, 1969, pp. 117-122.

FREUD S. (1933), *Nouvelles conférences d'introduction à la psychanalyse*, trad. R. M. Zeitlin, Paris, Gallimard, 1984.

GROTJAHN M. (1955), « Psychothérapie analytique des gens âgés », trad. V. Smirnoff, *in La Psychanalyse*, 1956, 2, pp. 243-255.

GUILLAUMIN J. (1986), « L'adolescence et la séparation. La position amoureuse comme défense contre la dépression par mise en réserve des deuils ineffectués et ses échecs suicidaires », *Adolescence*, 4, 2, pp. 291-304.

GUILLAUMIN J. (1989), « La clinique de la perte à la recherche d'une métapsychologie de la séparation », *Cahiers de l'ICPR, Paris VII*, 10, pp. 52-64.

JAQUES E. (1963), « La Mort et la crise du milieu de la vie », trad. *in* Anzieu D. et al., *Psychanalyse du génie créateur*, Paris, Dunod, 1974, pp. 238-260.

JONES E. (1948), « Le fantasme du renversement de l'ordre des générations », trad. A. Stronck, *in Théorie et pratique de la psychanalyse*, Paris, Payot, 1969, pp. 372-377.

JOSSERAND S.A. (1994), « Le travail du trépas. Entre la dépression et le deuil », *in Le Vieillard, ses soignants et l'institution gériatrique*, actes de la 11e journée d'étude de l'ARAGP, 26 novembre 1994, hôpital Saint-Jean-de-Dieu, Lyon 8, pp. 2-7.

JOUBERD Ch. (1997), « Vers une gestion groupale de la démence sénile en institution. Prise en compte de la souffrance groupale, familiale, individuelle, dans les soins », *in Psychothérapie des démences*, sous la direction de M. Grosclaude, Paris, John Libbey Eurotext, pp. 171-178.

KAËS R. (1987), *L'Institution et les institutions*, Paris, Dunod.

KAFKA F. (1980), *Œuvres complètes*, Bibliothèque de la Pléiade, Paris, Gallimard.

KÜBLER-ROSS E. (1969), *Les Derniers instants de la vie*, trad. fr., Genève, Labor et Fidès, 1975.

LE GOUÈS G. (1990), « Le sujet âgé dépendant et sa famille », *Psychogériatrie*, 2, 5, pp. 15-18.

LE GOUÈS G. (1991), *Le Psychanalyste et le vieillard*, Paris, PUF.

MAZET Ph. et HOUZEL D. (1978), *Psychiatrie de l'enfant et de l'adolescent*, Paris, Maloine, volume 2.

M'UZAN M. de (1977), « Le travail du trépas », *in De l'art à la mort*, Paris, Gallimard, pp. 182-199.

OVIDE, *Les Métamorphoses*, trad. J. Chamonard, Paris, G.F. Flammarion, 1966.

PLOTON L. (1990), *La Personne âgée. Son accompagnement médical et psychologique et la question de la démence*, Lyon, Chronique sociale.

QUINODOZ D. (1994), « Le travail de vieillir », *L'Information psychiatrique*, 70, 4, pp. 319-328.

REGUER D. et GRICOURT C. (1997), « Influence des éléments de perte d'autonomie dans la décision de "placement" », *La Revue de gériatrie*, 22, 5, pp. 273-280.

RITCHIE K., NARGEOT C., HERGUETTAT T. (1992), « L'hétérogénéité des stades précoces de la démence sénile de type Alzheimer à travers les observations fournies par les proches », *La Revue de gériatrie*, 17, 5, pp. 251-258.

RUFFIOT A. (1981), « Le groupe-famille en analyse. L'appareil psychique familial », *in La Thérapie familiale psychanalytique*, Paris, Dunod.

RUFFIOT A. (1985), « Originaire et imaginaire. Le souhait de mort collective en thérapie familiale psychanalytique », *Gruppo*, 1, pp. 69-85.

SHAKESPEARE W., *Œuvres complètes*, Bibliothèque de la Pléiade, Paris, Gallimard, 1959.

SOPHOCLE, *Tragédies*, trad. P. Mazon, Paris, Le Livre de poche.

TEUSINK J.-P. et MAHLER S. (1984), « Helping families cope with Alzheimer's disease », *Hospital and Community Psychiatry*, 35, 2, pp. 152-156.

WINNICOTT D. (1947), « La haine dans le contre-transfert », trad. S. Kalmanovitch, *in De la pédiatrie à la psychanalyse*, Paris, Payot, pp. 48-58.

WINNICOTT D. (1951), « L'effet des parents psychotiques sur le développement affectif de leur enfant », *ibid.*, pp. 321-333.

WINNICOTT D. (1958), « La capacité d'être seul », *ibid.*, pp. 205-213.

INDEX

R - S

T - V

THÉRAPIE

PSYCHOTHÉRAPIE DES TROUBLES SOMATIQUES
Marie-Claire Célérier

Cet ouvrage met en évidence l'impact de l'inconscient, de la vie relationnelle et des transferts dans le processus de guérison donnant ainsi à l'ensemble des soignants les bases de la formation à l'écoute de l'inconscient.

LA CRISE DE LA MALADIE GRAVE
Marie-Bernard Chicaud

Une exploration concrète du vécu des patients traversants une maladie grave qui détaille avec clarté les réponses thérapeutiques à mettre en œuvre dans l'accompagnement du malade et la formation des soignants.

DUNOD ÉDITEUR

EN VENTE CHEZ VOTRE LIBRAIRE HABITUEL

THÉRAPIE

L'ADOLESCENT EN ART-THÉRAPIE
Jean-Luc Sudres

Une somme clinique qui éclaire définitivement une pratique souvent mal comprise : l'expression artistique au service du soin des adolescents en rupture psycho-pathologique.

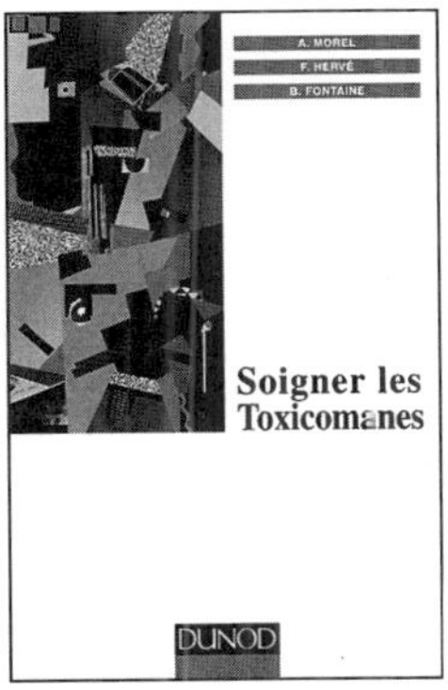

SOIGNER LES TOXICOMANES
Alain Morel et coll.

Destinés à tous les professionnels de la prise en charge des toxicomanes, ce livre présente un inventaire complet des différentes stratégies d'intervention, et des savoir-faire associant prévention, prise en charge et soins.

EN VENTE CHEZ VOTRE LIBRAIRE HABITUEL

DUNOD
ÉDITEUR

STEDI, 1, boulevard Ney, 75018 Paris - Tél. 01.40.38.65.40
Dépôt légal, Imprimeur, n° 5576
Dépôt légal : avril 1998
Imprimé en France